LINGXIU
WANGDAO

领袖王道

从基层到领袖的秘诀

CONG JICENG DAO LINGXIU DE MIJUE

邓焱中◎著

经济管理出版社
ECONOMY & MANAGEMENT PUBLISHING HOUSE

图书在版编目（CIP）数据

领袖王道/邓焱中著 . —北京：经济管理出版社，2016.11
ISBN 978 – 7 – 5096 – 4675 – 5

Ⅰ . ①领… Ⅱ . ①邓… Ⅲ . ①领导学 Ⅳ . ①C933

中国版本图书馆 CIP 数据核字（2016）第 262156 号

组稿编辑：丁慧敏
责任编辑：丁慧敏
责任印制：黄章平
责任校对：王淑卿

出版发行：经济管理出版社
　　　　　（北京市海淀区北蜂窝 8 号中雅大厦 A 座 11 层　100038）
网　　址：www. E – mp. com. cn
电　　话：(010) 51915602
印　　刷：北京晨旭印刷厂
经　　销：新华书店
开　　本：720mm×1000mm/16
印　　张：13
字　　数：172 千字
版　　次：2016 年 12 月第 1 版　2016 年 12 月第 1 次印刷
书　　号：ISBN 978 – 7 – 5096 – 4675 – 5
定　　价：38.00 元

自　序

领袖，能为人表率的人。

根据《后汉书·皇后纪上·明德马皇后》的记载："仓头衣绿褠，领袖正白。"

根据《说文解字》对领袖的理解：衣襟裾也！

我们可以理解为：衣服上领子的部位最接近头颅，所以"领"代表高贵，也代表思想和领导力。衣服上的袖子部位最接近手，所以代表力量，也代表权力和行动力。故而人们将最高领导人称为领袖。

那，为何要成为一个领袖？

我们要思考一个问题：人，活着的最大价值是什么？

我们会发现，一个人对社会的正面贡献越大，他的价值就越大！

除了科学家和特殊岗位的人才，我们又如何做到价值最大化呢？

再深入研究你会发现，一个人的能力无法和一个团队相比！

那如何使你的思想得到更好的执行，从而产生更大的价值？答案就是：让更多的人执行你的思想！在这个过程中，你最需要的就是：领导力！去领导一个团队，从而获得更好、更多、更大的结果！

所以，如果你想价值最大化，想获得更大的成功，你，需要成为一名领袖！

古语云：求功要求百世功，求利要求千秋利，求名要求万代名。

古往今来，这句人生箴言不知激励过多少有识之士发大心、许大愿！为天地立心，为生民立命，为往圣继绝学，为万世开太平！而这一切，需要你成为一名真正的领袖，方能实现！

成为领袖，你要么打造一支团队，要么加入一个系统！

加入一个有正能量、利他、有使命感的团队，在这团队里成为领袖，往往更容易成功！

在此，和各位分享一下由我发起创立的卡圣系统。

卡圣系统的使命和目标是：帮助1亿国人建立良好的征信！帮助100万人实现财务自由！

在这伟大使命和事业的推进中，我们需要许多的精英和领袖加入，在更多精英的带动下，感召更多的伙伴加入，一起来推动这一伟大的事业早日得以实现！在这份事业的进程中，也会锻炼和培养出许多领袖！在卡圣系统，你不但自己会成长，更会点亮别人！

欢迎加入我们，让我们在帮助他人成长和成功的过程中，顺便成就自己！

邓焱中

前　言

　　如今的商业王国，英雄辈出，群英割据，白手起家的草根和口含金钥匙出生的富家子弟同台竞技，各大企业主之间竞争激烈。试问，在今天的商业江湖中，谁有能力主宰最终的沉浮？英雄抑或是领袖？

　　谈起英雄与领袖的关系，让人不禁回想起狼烟四起的三国时期。三国时期，可谓是英雄遍地，无论是叱咤风云的赵云，还是驰骋沙场的关羽；无论是违抗军令的马谡，还是擅长用计的庞统，他们无疑都是英雄，区别只在于：做英雄时间的长短与陨落的方式有所不同罢了。

　　然而，在如此繁多的英雄中，只产生了三个真正的领袖，分别是北魏曹操、蜀汉刘备以及东吴孙权。他们中白手起家的是曹操与刘备，富二代兼官二代的是孙权。在那个动荡的三国时期，几乎变成了他们驰骋梦想、施展领袖魅力的大舞台。由此看来，领袖才是最终的主宰者与最后的大赢家。

　　说起"领袖"一词，不只是在一个团队中扮演着核心角色，还应该通过自身的言行指引团队更加出色地完成某项任务。从企业和团队角度来分析，这就是一种管理能力的具体体现；从人格来分析，更是有着一种极为可贵的人格魅力。千万不要以为"领袖气质"距离自己还很遥远，实际上，具有这种领袖气质的人并非都是高层管理者，不管是在大团体还是在小团体中，总能出现一个能够说服他人、引导他人以及调配他人的人，这种人往往就是具备领袖特质的人。从某种程度上说，"领袖气质"也应该是人格魅力的一部分。而这人格魅力是一种能够在无形中影响他人的力量，这是卓越领导者身上必备的特质。

领袖是创造理论的人，百年企业之所以能够一代代地传承下去，自然离不开理论的指导，现在，大多数人意识不到这一点，常常会说："理论是灰色的，只有实践之树常青。"而领袖却能在人们意识之外的"灰色地带"给企业带来全新的格局。大多数人认为的"灰色地带"，事实上埋藏着企业基业常青的密码。本书的主旨就是要告诉读者，领袖虽然有创造理论的能力，理论也必定会有指导实践的效果。出色的理论具有极大的建设性，足以改变你我的生活。

有些人说："心有多大，舞台就有多大；梦有多远，人生就能走多远。"正如那句"既然选择了远方，便只顾风雨兼程"，企业领导者既然已经选择了这"腥风血雨"的商业江湖，就请将自己打造成真正的领袖与企业导航人，拼出一片属于自己的天空。

俗话说：梦再大，理想再丰满，倘若缺少行动的支持，都会变成无用的摆设与永远不能兑现的承诺。因此，要想让基业常青，请先做个合格的商业领袖。

你想做领袖吗？如果答案是 Yes，那么，请即刻起程！

目　录

第一章 素质之道——领袖的基本特质

真正的领袖是人们可以跟随的榜样，一个杰出的领袖意味着可以影响他人，并引导其向前走。优秀的领袖应具有天生的自信，应该具有眼光、胸怀、决断以及知人善任的能力，更应该具备高超的演讲力。

天生的自信

何谓"自信"，就是对自己充满信心，相信自己的力量。为什么强调自信？自信是大多数伟人、名人、有所建树的人所共同具有的一种高贵品质，也是一个人在人生征途上获得成功的重要因素。自信也是一个领袖必备的心理素质之一，是领导树立威信的基础，也是做好工作、管理下属的根本保证和前提。

所谓自信，在心理学上，代表着一种积极、有效地表达自我价值、自我尊重以及自我理解的意识特征和心理状态，代表着个体对自己的积极肯定与确认程度，是对自身能力、价值等做出客观、正向认知以及评价的一种稳定性格特征。一个自信的人通常具备如下特征：正确的自我评价、完全的自我接纳以及良好的社会适应性等。

　　自信是成功的秘诀之一。莎士比亚曾说："自信是走向成功的第一步。"许多成功人士的精神品质都有一个共同点——自信。一个人只要有了成功的信心，就能保持最佳状态，把全部精力集中到所追求的目标上，最终取得成功。没有自信，便没有成功。古往今来，许多失败者之所以失败，究其原因，不是因为无能，而是因为不自信。自信，使不可能成为可能，使可能成为现实。自信是人生成长的强大精神支柱，是走向事业成功的强大动力。美国著名教育家马斯洛说："事实上，我们绝大多数人，一定有可能比现实中的自己更伟大些，只是我们缺乏一种不懈努力的自信。"

　　古今中外的领袖人物，他们的成功都与自信密不可分。第一次世界大战时，有两位残疾人领袖，一位是英国首相丘吉尔，另一位是美国总统罗斯福，两个人都有不同程度的身体残疾，但是他们通过自己的努力，不仅做到了国家政权的最高层，还与斯大林一起率领全世界人民战胜了法西斯，使世界重返和平。

　　有人请教林肯成功的经验。林肯是这样回答的："每一个人都应该有自信心：人所能负的责任，我必能负；人所不能负的责任，我亦能负。如此，你才能磨炼自己，求得更多的知识，进入更高的境界。我的成功经验就是自信。"

　　一个人只有拥抱自信，才有可能自强不息，才能为自己的愿望与理想而努力打拼；只有足够自信，才能在充满困境的事业中永远保持必胜信念，才能鼓起勇气迎难而上。例如，放射性元素镭的发现者居里夫人，最初身穿沾满灰尘与油污的工作服，翻动矿石，搅动冶锅。从堆积如山的铀料中寻找镭的踪迹，条件极其艰苦，但她却拥有很大的信心并且毫不动摇。成功以后，她对朋友们说："不管做任何事情，我们都应当有恒心，特别是自信心。"

　　优秀的领袖往往具备自信的品格。邓小平如果没有自信，就经不起"三起三落"，就不会成为中国改革开放的总设计师，就不会有中国"春天的故事"。邓小平的自信，是现实主义的自信，是自尊、自强、自豪的自信，是紧贴中华民族前进脉搏的自信，是对人类远大理想目标的自信。正是有了这种自信，邓小平才能够举重若轻，举大若小；才能够处变不惊，从容镇定；才能够忍辱负重，三落又三起；才能够外柔内刚，绵里藏针；才能够用人不疑，选贤任能。

因为拥有自信，才能拥有创造精神与创新意识，也才具备开拓进取的基础或条件。自信对于一个管理者而言更加重要，尤其是面对一筹莫展的困境时，一个组织领导的自信心能点亮整个组织的自信心。与之相反，缺乏自信心的人，前怕狼，后怕虎，一味地畏缩不前，故步自封，通常很难达到预定的组织目标而导致最终的失败。由此可见，事业的成功固然离不开多种因素一起作用，但自信却是成功必不可少的基石。

如果自信不足，便容易自卑。在实际工作中，有些领导由于经验或能力欠缺等原因，对自己所承担的工作没有自信心。导致领导缺乏自信的原因有很多，主要有以下三点：

第一，缺乏适度的自我成就导向。自我成就导向过弱，则会产生得过且过的心态，那么在工作中就会出现碌碌无为、不思进取、朝令夕改的现象。

第二，缺乏清晰的目标定位。有时候，领导者以为自己的目标很清晰了，但其实是不清晰的。他们所定的目标或失之于遥远，或失之于宏大，或仅限于理念，总之，没有很强的可操作性，发挥不了目标本身的激励作用。

第三，缺乏积极有效的自我反省。自我反省是一个人成长最主要的品质，对于领导者来说尤其重要。在现实工作中，领导者有太多的机会为自己辩护，在寻找各种理由为自己的行为辩护的过程中，领导者越来越相信自己的朝令夕改是极有道理的，而渐渐失去了自我反省的能力。

自信要把握一个"度"，自信过度，便成了自负。盲目自信，奉行"老子天下第一"的心理是非常不可取的。不过，人是奇怪的，往往在顺境时盲目乐观，干成了一件事，便以为天下无不可干之事。一些领导干部获得了一点成功，掌握了一点权力，便自以为了不起，骄傲自满，自高自大，恃才傲物，目空一切。如果一个领导干部自负，就会产生不良的恶果。一方面，自负使人故步自封，不再吸取外界的精华和听取他人的意见，使自己逐渐孤立起来，丧失与外界的正常且有益的交往与联系；另一方面，自负使人顽固不化，在本该改变的时候自信满满，丧失改进的机会，从而一错再错，导致最后的失败。拿破仑很自信，否则他不会说："在成功者的字典里没有'不可能'这个词。"然而，滑铁卢之战的失败，打破了他的帝国梦。

自信并非是与生俱来的，而是在不断的社会实践中、长期生活体验整合基础上逐步形成的，与后天的培养训练密切相关。那么，一个领导应该怎样培养并保持自信心呢？

一是注重培养自我认知与评价能力。积极客观的自我认知与评价是自信的基础与核心。只有具备了较强的自我认知与评价能力，才能避免评价不当引起的自卑与自负两种偏向心理，才能从根本上增加自信。自信的人通常是理性的，他们在感性认识的基础上，借助思维、判断、推理形成对事物本质和内部联系的正确认识，继而找到解决问题的正确方法。例如诸葛亮就是个自信的人，他运筹帷幄、决胜千里。"隆中对，定三分"，是在充分分析了天时、地利、人和以及敌我形势后得出的结论；而"舌战群儒"、"火烧赤壁"、"七星坛祭风"等，则仰仗于他出色的外交才能和对天文地理的通晓，绝不是任意胡为、盲目自信，是有事实根据、有理论基础的。

二是正确认识自己，更新自我。有一句谚语："假若你想你能够，你就能够；假如你想你不能够，你就不能够。"当然，这一"想"，这一"能够自信"，要建立在对客观和自我实事求是的认识基础上，胡思乱想是不行的。自信是在自知基础之上，而且是正确的清楚的自知。因此，要有自知之明，善于彻底地分析自己，正确地找出自己的优缺点。要如实地评估自我，既不过高地看待自己的长处和成绩，又不贬低自己的能力，从而诱发积极性和创造性，产生内心向上的力量。这样才能产生自信。定的目标要恰当，在目标达成后，还要定下一步目标。目标不能太高，否则不易达到，如果达不到，对自信心会有所破坏。

三是以勤补拙，增强信心。自信来自勤奋，来自刻苦，来自付出，来自准备充分。因此，要建立自信，必须积极向上，勤奋学习，开阔视野，积极与人交往，善于接受新鲜事物，学会迅速捕获新的信息，不断用科学文化知识充实自我，更新自我，提高本领，从容应付各种难题。凡事要做好充分准备。从事某项活动前如果能做好充分准备，那么，在从事这项活动时，就会更加自信，而且这有利于顺利完成活动并增强整体自信心。美国前总统福特的白宫新闻秘书雷森说："其实，建立自信的方法很简单，就是对即将面临的各种问题，事先做好周详完善的准备工作。"准备充分，胸有成竹，是建立和增强自信心的必要手段。

要有人格魅力

缺乏人格魅力，领导者的管理能力就不能得到完美呈现，哪怕其拥有很大的权力，工作也只能是被动进行。

所谓人格魅力，就是指由一个人的信仰、气质、性情、相貌、品行、智能、才学以及经验等很多种因素综合体现出来的一种人格凝聚力与感召力。当然，一个人有足够的能力，并不代表这个人就有足够的人格魅力。缺乏优秀的品格与个性魅力，再有能力的领导者，他的威信与影响力也会不同程度地受到各种负面影响，在人们印象中也会大打折扣。领导者的人格魅力对其领导团队的能力都能直接造成难以估量的影响，其影响主要通过领导者运用权力时产生的亲和力、凝聚力以及感召力，使手下员工心甘情愿地为实现既定目标努力奋斗而产生的效果体现出来。

个人魅力和领袖气质最大的优点是能提高影响别人的能力。当人们认为你个人很有魅力时，他们更有可能采取你的建议。

我们在这里讨论的企业领袖具有很强大的人格魅力，在企业和顾客心中扮演类似于精神领袖的角色。拥有远大理想的企业家其实就是企业的精神领袖。他当然还是一个领导者，但不仅是一般的领导者和管理者的角色。他成了企业精神的象征，精神领袖是企业的支柱和灵魂，是企业稳定、健康、持续发展的重要保障，有没有精神领袖是一个企业是否成熟、是否有个性以及是否有自主能力的显著标志。

企业是非常讲究实际的经济组织，是依靠经济效益说话的。一个无法取得优秀业绩的企业领导，只能沦为一个无能之辈。从这个角度来说，企业还是以成败论英雄。所有杰出的企业领袖，都必须依靠无可争议的经营业绩才能确保自己在企业中的稳固地位。企业精神领袖的地位不是凭空掉下来的，而是在不断的领导实践中逐步形成的。企业领袖的思想也不是一开始就有的，而是在实践中不断总结出来的，优秀的企业领袖总能一次次带领企业走出困境，获得更好的发展机遇。

魅力型的企业领袖必然是一个有思想和学识的人，没有思想的经营者，即使取得不错的业绩，也只能是一时的成功者、胜利者，而不能成为企业家。世界上卓越的企业家都有自己独到的经营管理见解，都是企业精神产品的创造者。这是企业的立企根基。作为精神领袖，不仅是员工跟随的领导，也是员工学习的楷模。如果人品不好，即使业绩再骄人，员工也爱不起来、学不起来，更不用说崇拜了。

常怀忧患意识

孟子说:"生于忧患,死于安乐。"短短的八个字,可谓精辟至极。企业的生存和发展,需要不断地和环境互动。在企业生存的游戏中,最可怕的事情是企业领袖的感知失效,陶醉在以往的成功中,对即将到来的危机失去判断力。

很多企业领袖都有极强的忧患意识,他们在领导企业的过程中,留下了很多催人警醒的名句。微软创始人比尔·盖茨说:"我们离破产永远只有 18 个月。"联想创始人柳传志则说:"我们一直在设立一个机制,好让我们的经营者不打盹,你一打盹,对手的机会就来了。"华为创始人任正非认为:"华为应该时时为自己准备过冬的棉袄。"日本松下公司总经理曾说:"我们的职工中,最普遍的一种想法就是,这样一个庞大的松下公司是不会倒闭的。我认为,无人感知危机,这本身就是一个最大的危机。"

作为高层管理人员,如果没有"狼来了"的危机意识,就会被狼吃掉。不论是产品质量,还是市场营销,莫不如此。商界竞争的惨烈程度可与"凶残的狼"相提并论,同行之间更是如此。在竞争更为残酷的科技行业,企业领袖们需要时刻警惕可能出现的企业危机。

早在 2008 年金融危机之前,马云向阿里巴巴全体员工发出了"准备过冬"的召令,很快在业内引起热烈的讨论。在那个炎热的夏天,阿里巴巴已经储备了 20 亿元的现金,按理说是"肥得流油"了,为何还要在此时发出"冬天"的论调,并且强调说:"这个冬天会比我们想象的漫长得多?"当时房市、股市狂热,很多人认为马云是在危言耸听,其实这正是一位企业家强烈忧患意识的体现，是企业未雨绸缪的表现，他的话语和行动中无不体现着"生于忧患，死于安乐"的意味。

事实上，在中国，与马云有着类似想法的企业家不止一个。华为任正非、腾讯马化腾、联想柳传志以及 TCL 李东生都说过类似的话，为企业员工打过类似的"预防针"。

透过马云的过冬论，说明企业在危机来临之前未雨绸缪，并根据自身的情况制订好相应的措施和方案，就能在很大程度上规避风险，减少损失。马云说："企业在顺境中也会隐藏危机。风光无限的企业内部，实际上已经埋下了失败的种子，一些企业的没落并不是因为激烈的竞争，盲目乐观才是很多企业衰亡的真正原因。"

马云作为国内一名社会企业家，不仅在企业内部保持极强的忧患意识，在他的公共演讲中，也强调了国内企业在应对危机方面的困扰，他说："民营企业最大的优势就在于体制灵活，管理没有限制，而产权过于集中，由老总一个人说了算的体制，在企业发展到一定规模后，恰恰成了民营企业的'天花板'。所以要克服企业发展的瓶颈问题，就必须改变这一情况。有了危机意识，能让企业老总清醒地认识到自身的不足，更有利于他制订合适的战略。"

一旦企业的经营战略墨守成规、一成不变，就会为竞争者提供击败你、吞并你的机会，所以企业的经营战略要在同行中处于领先位置，至少也要有其他企业无法取代的优势，而做到这一点就需要企业决策者时刻保持清醒的头脑，要有"狼来了"的忧患意识，只有这样，企业才能够存活，才能够发展壮大。

在网络时代，企业竞争的复杂性大大加强了，很多企业根本无法预知危机会从何方来，即使在贴近民生的传统行业，也面临着前所未有的变局。

在国内，鞋类制造企业非常多，鞋类品牌也可以用"多如牛毛"来形容。要在这竞争激烈的行业打下一片江山非常不易，而要打造一个优秀品牌则难上加难。据统计，全世界这类企业平均寿命只有 24 年，能活到第二代的只有 30%，能活到第三代的就只有 10%。因此，"洗牌"、"谢幕"是这个行业永远的话题。而在信息技术领域，竞争的惨烈程度高于传统行业十倍，新产品上市以后往往几个月就会被更先进和顾客体验更好的产品替代掉，在这个时代经营企业，企业领袖几乎没有喘息的时间和机会。

过去，人们的竞争可以局限在一定范围内，如一个区域、一个品类，市场因为相互隔绝而可以同时并存很多"赢家"。随着经济全球化的推进，世界成为统一的竞技场。原来的贸易壁垒不复存在，一个成功的企业可以凭借垄断地位在全球击败所有的对手，成为某种商品的唯一供应者。"赢家通吃"的趋势已经越来越明朗，世界似乎简单化了：你不是个胜利者，就是个失败者；而胜利永远只属于少数人。

新的企业领袖在领导企业的过程中，有时候理性的判断已经不能完全适应当下的经营环境，而是靠直觉嗅出企业周围的危险，然后提前设法绕过去。这样的企业领袖获得员工和顾客的敬仰也理所当然。松下幸之助说过："没有直觉的人，是没有资格担任经营者的。"这是一种东方的智慧，任何重大而复杂的决策，都可以靠直觉决定胜败。

领导者最难能可贵的本领就是高瞻远瞩的眼光，换句话说，就是一种看到别人所看不到的敏锐直觉。直觉是建立在长期的经验和错误尝试上，倘若缺乏经验或体验，就无法发挥直觉的力量。高瞻远瞩的管理者，需要对国内外的行情非常熟悉，时刻留意最新的发展，运用他的深谋远虑，在不完全的资料下，调整将来的经营方向。

企业领袖还要具备居安思危的观念，在企业正常发展时，对一些潜在危机提高警惕，简单来说，就是在看到事情有利方面的同时，也要想到可能发生的不利或困难情况，以便事先做好准备，进而有备无患，尽量避免灾祸的来临。

时刻怀有危机感是有必要的，但是作为企业领袖，面对危机也需要讲究策略，千万不能随时制造紧张氛围令员工坐立不安，不但不能正常开展工作，反而因情绪不稳而影响工作效率，甚至导致其他意外的发生。有危机意识，也要有愿景及美好未来的蓝图才是一个领袖应该具有的策略。领袖的策略还要用忧患意识聚集人心、凝聚共识，最终目的是用危机意识引领企业继续发展。危机意识是领导者的责任，他需要具有承受紧张而不动摇的精神耐久力，更要把高瞻远瞩与居安思危化作具体可行的策略，引导、辅佐团队成员将危机转化为企业变革的契机。

在执行层面上，企业管理者将目前的市场竞争和企业危机及时告诉全体员工，激发员工的责任感和主人翁精神。同时防止自大和松懈情绪，随时保持大难临头、如履薄冰的紧张感；营造不战则亡、不进则退、别无选择的企业氛围，激发员工勇往直前的斗志；采用末位淘汰法，有些企业每年强制性淘汰末位员工，营造一个"狼性"的紧张氛围。

气量恢弘，宽以待人

宽以待人是道德修养达到较高水平的一种体现，也是一个优秀领袖应当具备的气质。

在我国历史上，许多哲人、诗人用富有哲理的名言佳句赞美宽以待人的道德，讲述苛求于人的不良后果。《庄子·庚桑楚》中讲："不能容人者无亲，无亲者尽人。"大概意思就是，没有容人之量的人不会有亲人与朋友，没有亲人与朋友的人，就只剩下孤独的自己活在这个世界上。唐代文学家韩愈在《原毁》中讲道："古之君子，其责己也重以周，其待人也轻以约。重以周，故不怠；轻以约，故人乐为善。"短短几句话，便把"严于律己，宽以待人"的道理讲得明明白白。清代学者薛瑄讲："惟宽可以容人，惟厚可以载物。"清氏郑板桥在《沈凤》中的诗句"良苗也怕惊雷电，扇得和风好好吹"，启迪人们以宽容和气的态度待人，而不要用刻薄的语气苛责他人。宽容不是软弱的代名词，而是有道德、有信心、有力量的表现，因而，有人赞美道："宽容是在荆棘中生长出来的谷粒。"

宽容是尊重的前提；宽容是共生共存之道；宽容是友好相处的法则。说大一点是国家之间的相处之道，说小一点是人与人之间的相处之法。宽容是一种风格、一种修养、一种力量的体现。古人云："海纳百川，有容乃大"，"君子处世兼容并包"，"锱铢必较谓小人，宽宏大量是君子"，"腹中行舟乃圣人"。因此，宽容能赢得朋友，宽容能凝聚力量，宽容能成就事业。

作为领导者，要能用平等的态度待人，要能接受不顺耳的话、不顺心的事，更要能容不顺眼的人，不能容人，就谈不上用人、团结人。就用人的角度谈容人，要抛弃一切成见，能容不顺眼的人；要抛弃个人恩怨，能容反对自己，包括反对错了的人和反对对了的人，与自己有私怨私仇的人；要以平等宽容的态度待人，能容有过失的人。若牢记旧账，报私怨，就会因私损公，废置人才、贻误事业。能容人，善用人，确实是大本事、大能耐，也是团结胜利的基础。

在这方面，古代很多伟人领袖的事例也对我们有所启发，汉高祖刘邦对自己的"班子"很满意，也善于发挥班子成员的作用，他说："论运筹帷幄，我不如张良；论领兵打仗，我不如韩信；论筹划粮草，我不如萧何。但，张良、韩信、萧何皆能为我所用。"三国时刘备的"班子"也很耐人寻味：诸葛亮足智多谋，但失于孤芳自赏；关羽智勇兼备，但傲慢自负；张飞勇猛无敌，却暴躁难驯。这几个人是不太好领导的，但刘备颇具长者风度，且能纤尊降贵，屈己待人，把大家的关系协调得很好，还能带领他们经常打胜仗。正所谓"人无完人，金无足赤"，只有眼界开阔，胸怀开阔，才能宽怀大度，容得下各种各样的人，才能团结各方面的人一道工作，干大事、成大业。

气量恢弘的人，大多能容与自己意见不同的人。作为领导者，不能搞"一言堂"，不能搞"唯我独尊"，要广开言路，听得进不同意见。尤其对那些直来直去提异议的同志，不能抱有成见与偏见，认为他们是"刺儿头"、"不听话"、"与自己不一条心"，以至于给他们"穿小鞋"。如果这样做，往往会失去"兼听则明"的机会，把事情弄坏。须知，所谓"持不同意见者"，绝大多数是真心帮助领导，真心想把工作搞好的好下属，他们常有"高见"与"高招"，若能对其从善如流，为我所用，对工作则大有裨益。因此，对直言犯谏的下属要宽厚，要有容人之量，一切从工作出发，不计较下属对你的态度。当下属冒犯你的时候，要冷静，要制怒，不能针尖对麦芒。

气量恢弘的人，能容比自己能力强的人。身处企业高层，还要克服嫉妒心理，允许别人比自己高明，要让比自己聪明的下属充分发挥作用，给他们提供施展才能的机会，不能"武大郎开店——容不得高人"。俗话说"人外有人，天外有天"，做一把手的不一定事事都比副手强，做领导的不一定事事都比下属强。很多地方和单位都可能"藏龙卧虎"，各色能人无处不在，若碰上比自己强的人，决不可嫉贤妒能，施以压制、排挤或打击，而应感到幸运和高兴，进而来一点"三顾茅庐"的精神，做到礼贤下士、选贤任能、不耻下问，把强者的长处充分利用起来，把他的"高见"取过来化为己用。这样，既可提高自己，又能集众人智慧之大成，把工作搞得有声有色。

气量恢弘的人，自然能容有毛病、有缺点的人。古人常说："金无足赤，人无完人。"天下谁能无瑕疵？领导者要有大气量，包容别人的一些缺点，该宽容时须宽容。对待下属，只要他大节不亏，小节不可过于计较，不可处处求全责备，更不可拿着放大镜去看别人的缺点，以至于把人家的优点也掩盖起来，把人完全看"走样"。

古人有言："水至清则无鱼，人至察则无徒。"把自己看得过于高洁，把别人的毛病缺点看得过于严重，对别人的要求过于苛刻，就难免使人对你敬而远之或厌而远之，同你离心离德，从而使你失去凝聚力和号召力。这样的"领导"就难免有一天会变成"曲高和寡"，甚至成为孤家寡人，怎么做好工作呢？作为企业领导者应具备这样的气度与本领：在共同的目标下，各色人等都能容纳，而且都能用其所长，避其所短，容其所短，在此前提下再尽量帮助克服其"所短"。这样，才能把每个人的积极性都充分调动起来，齐心合力投入工作。

当然，宽以待人，绝不是无原则的宽大无边，宽容应当讲究原则，需要掌握分寸。应注意，宽容不是示弱，谅解有别姑息。否则，领导者的大度不仅不能导人向善，反而会使人肆无忌惮，甚至纵人为恶。从这一意义上说，"大事讲原则，小事讲风格"是可取的态度。

谨记，"打铁需得自身硬"

中国有句古老的俗语，就是"打铁需得自身硬"，这是浅显易懂之语，也是人们常挂嘴边称赞乐道之言。换成较为文雅点的说法，就是孔圣人所说的"其身正，不令而行；其身不正，虽令不从"；倘若说得再具体一点，则可如明代著名政治家钱琦在《钱公良测语》中所云："治人者必先自治、责人者必先自责、成人者必须自成。"千言万语总归一个意思，从企业的角度讲就是：老板及管理者自身的基本素质很重要。

管理者的素质不过硬，则容易使企业出现问题，影响的也许不只自身，不只企业,还有下属的凝聚力。正所谓"朽木不可雕也"。特别是2008年的次贷危机席卷全球,使得企业的危机意识进一步增强,而领导者自身素质的提升显得更为紧迫。

很多领袖人物都具备这样的素质,创造中国移动通信神话的中国移动集团公司前董事长王建宙、华为老总任正非以及腾讯老总马化腾,就是一个个鲜活的例子,他们虽然身居高位,决定着一个企业的发展方向,但他们对自身的要求却特别严格,不断从各个方面提升自身素养。

从人性的自私论维度出发,在中国是强者为尊,强者可以指挥弱者做任何事,而自己则可以跷起二郎腿"唯我独尊",这似乎已经成为一种积习。倘若一轮危机以迅雷不及掩耳之势袭来,此时本来人心就逐渐涣散的"空壳"企业,就只剩下老板这个"光杆司令",企业命运可想而知,必然是在危机的旋涡中销声匿迹。倘若,一个企业的老板时刻、事事都严格按照企业规章制度要求自己,以身作则,底下的高层管理、中层管理、基层管理以及普通员工均会向老板看齐,那么,一个企业就会充满生机,充满正义,充满希冀。即使面对一轮又一轮不可预知的危机,员工也愿意与老板一道共克时艰,披荆斩棘。

所以,企业领导者并不是也不应该只是号令发布者,给下属设定各种条条框框,而是应该从自我出发,从严律己,按照制度约束自己,那么,底下的员工自然会严格要求自己,一个强有力秩序下的企业,很大程度上能保持比较强大的生命力。作为严格要求自己的老板,做人处事"一身磊落",就不会出现你在面前指挥人,被指挥的人背后对你指指点点或不服气的现象。"自身不正,叫人不听"便是此理。

企业领导者不会忘记追求利润,不会忘记提高员工技能,却往往忘了给自身规定一个标准,那就是——"打铁需得自身硬"。

企业领导者就像是领头雁、带头羊,一旦企业领导者不严格要求自己的作风与行为，东张西望，朝三暮四，没有按照规章制度办事的思维和习惯，那么跟随者也会"各自为政"，不管你要求什么，都将其当成一股无足轻重的空气，迎面扑过就没有了。"散沙一盘"的组织，任何规章制度逐渐形同虚设，每个个体将按照自己的套路去办事，那么就可能将一个企业给活活"杀死"。所以，企业老板必须以"打铁需得自身硬"为目标，而不能把指挥下属、自己"胡作非为"当作"模式"，努力学会如何成为一个成功的领袖，学会如何在"自身硬"的前提下带领自己的下属沿着正确的道路不断"乘风破浪"。

所谓"打铁还需自身硬"，就是指不管在什么规模的企业中，特别是在大型企业，一般的基层员工很难得到与企业老板面对面的互动机会，一般都是与基层管理者"密切"互动，很大程度上，普通员工会根据自己直接上司的所作所为来落实自己的言行举止，也就是说，普通员工在执行企业的规章制度时只是以直接上级作为参照物，而他们的直接上级又以自己的直接上级作为参照物。所以，从这个角度来讲，企业领导者对企业员工造成影响的一个重要前提就是"打铁还需自身硬"。如果企业领导者不严格按照既定的规章制度办事，"一意孤行"，撇开规章制度与下属，底下的员工必然会效仿，于是整个企业建筑便会在不经意间土崩瓦解。

那么，作为企业领导者，该如何防患于未然，打造过硬的素质呢？在当今复杂多变的商海浪潮中，老板与管理者肩负重任，要保证企业的生存，更要谋求企业的可持续发展以及员工利益的实现，因此，老板与管理者必须要有过硬的自身素质，必须做到"五硬"：思维过硬、行动过硬、能力过硬、学习过硬以及诚信过硬。

有了这"五硬"，企业管理者就可以骄傲地宣告"向我看齐，我乃榜样"，而不会有"台上我说人，台下人说我"的现象发生。

可能也有人会有这样的疑问，倘若企业在将要被"破产之魔"拉走前，临危受命者通过"打铁还需本身硬",练就一身"打铁"硬本领,还可以将企业从"破产之魔"手中夺回来吗?这是一个很好的问题。假若一个濒临破产的企业,因为之前的制度规章落实不严,老板以权谋私,不与员工"风雨同舟",这样一个"病入膏肓"的企业,就像得了绝症的病人,既然是绝症,一般的思维,就是"回天乏术",打理后事作罢。实际上,所谓的绝症,都是限于一定的空间、时间范围内,因为缺少破解之法而成为彼时彼刻的难题、绝症,但随着时间的推移,很多绝症都可以转变为可治之症。对一个快'断气"的企业,只要能够把它的"绝症"部分破解,自然也能"枯木再逢春"。

作为受命于企业危难的挽救者,只有势如破竹,练就自身过硬的正派作风,才有可能让企业"柳暗花明",力挽企业颓败之狂澜,把企业带上一条健康的发展道路。"打铁还需自身硬",愿这句话成为每位企业领导者的座右铭!

思想引导决策,智慧定位正道

企业领袖在领导团队决策的过程中,他是有信仰、可依靠的。这和其他的一些决策者有很大不同。一般的决策者在做决策的时候,先看到的是利益得失,而领袖在做决策的时候总是会问自己,这样的决策能否强化企业的行业领导者地位或者在未来的竞争中、在新的行业中获得领导者地位。一个不思考企业行业地位的决策者,或者将短期的盈利目标作为决策目标的决策者,不能称为企业领袖,领袖谋求市场地位的努力在任何时候都不会停止。

企业领导一定要注重企业意识形态的力量。企业意识形态是指与企业的经济形态与组织形态相对应的一种精神状态,它包括企业道德观念、企业价值信念、企业经营理念和企业风貌等，是企业文化的核心，构成企业的一种相对稳定的群体观念模式。企业意识形态就是企业的思想体系。说它是一个体系，那么就应当是一个系统的思维，而不是支离破碎的思想点滴。企业意识形态往往和实体经济紧密相连。因为这些企业拥有相对稳定的组织形态和技术形态，也有一系列的运营流程，管理系统非常复杂，所以才需要理论和学说的指导。

　　企业领袖和投资家是不一样的，现代金融的发展将经济分成了实体经济和虚拟经济。在国内，很多企业家呼吁企业家需要向投资家方向转变。投资家是什么？没有多少人深究过这个问题，实际上这就是抛弃实业而成为市场上游资的驾驭者，在全世界范围内寻找投资或者投机机会。中国企业在没有做好实业的情况下就向金融投资领域转变，在未来这会被证明是一种灾难。

　　领袖的智慧其实就是做第一的智慧。企业领袖当然也要研究和利用金融工具来实现企业的事业愿景，但是他一定是利用金融来服务于自己的实业系统。而不是放弃自己的主业，去追求短期的金融收益，投资一些和自己经营无关的行业。

　　投资家当然也需要研究行业和产业的发展趋势，他们的研究往往不局限于某一个行业，这使得他们往往不能深入一个行业的本质，而成为一种金融游戏，这就是我们通常所说的金融炒作。企业领袖当然也会做一些虚拟经济的投入，但是他们往往是为了给企业积累虚拟资产，让品牌和企业公共形象成为企业实业之外最重要的软性资产。现在企业的实体资产和软性资产已经同等重要，在有些上市企业的市值评估中，实体资产只占四成左右，而虚拟资产的评估却占到了六成。在很多企业并购中，并购者实际上需要的是品牌价值，而不仅是企业的实物资产。

　　正是因为精神领袖领导之下的企业有一个系统的原则，所以能使得组织处于相对的稳定状态。企业文化是一种意识形态，不可以强加给所有员工，只能通过培养、引导、影响等方法潜移默化地营造氛围，使员工渐渐地趋向于同公司价值取向相同的轨道，达到上下一条心的目的，即：上下同欲。若企业在决策的时候遵循这样的原则，那么企业决策者就能够获得简单高效的决策效率。

精神领袖引导下的企业，具有统一的价值取向，当全体员工拥有相同的价值观时，这个企业就会自然而然地形成一种和谐的文化氛围，这个氛围需要人去引导，需要公司高层领导的引导、培养以及影响，它并非一蹴而就的，而是员工通过对为公司创造价值与自我价值的实现分析，达成的一种与公司利益相互依存的价值取向，这就是所谓的价值观。当员工的价值取向与公司的价值取向接轨时，就基本上做到了"共同的价值观"。当公司从高管到员工都开始认同这种价值取向的时候，公司就拥有了共同的价值观，当全公司成员都为这个共同的价值观而努力工作的时候，企业文化就围绕这个共同的价值观而日益趋向成熟。

思想引导决策，智慧定位正道。这句话的意思是：决策需要符合企业的价值观，而一旦企业认清自己的企业价值，对自己就会有明确的市场定位，在定位的基础上，决策就不会偏离自己的核心能力。决策力对于管理者意味着什么呢？优秀经理人的智慧体现在他的决策上，他比别人看得远，能够准确预测并善于把握机会。当然，在一个有领袖的企业，经理人的决策工作就不会那么难。

领袖的意识形态能够对企业发生什么样的作用？已经有学者对此归纳出来几条：组织中的人总是能充分理解从他们生活中提炼的某种意识形态；不同企业之间提炼的企业意识形态是不同的；企业意识形态必定与企业形象相符，必定适用于企业品牌；企业意识形态基本适用于企业扩张。还有最重要的一条，就是企业总是会遇到一个现实环境，这些被整理、浓缩、组合的企业意识形态必定适用于企业发展的现状与未来。企业决策者在做决策的时候只要有这样的准绳，就可以充分发挥群体智慧的力量，而不仅是领袖一个人的思考。

企业的决策模式有改良式决策与探索式决策两种模式。改良式决策是在企业的技术、组织结构以及管理模式等现有的基础上进行改良，有利于决策者更好地发挥这些因素在企业经营中的作用。这样的决策没有多大的风险，可以让经理人独自完成决策。

企业领袖是企业意识形态和价值观的制定者，也是改写游戏规则的人，他自己不能拘泥于封闭的体系内，所以也会做出探索性的决策。探索性决策模式是对现有的技术、组织结构以及管理模式等方面进行革新，以期提高企业的产出水平，但探索式决策所带来的不确定性比较大。有人对动态环境下具有战略眼光的企业家如何动态地组合这两种决策模式进行了理论分析，研究表明，探索性决策在动态环境下是一种常态。西方决策理论学派的代表人物赫伯特·西蒙认为，管理就是决策，决策是管理的核心。它对企业领袖的能力要求是快速判断、快速反应、快速决策、快速行动及快速修正。决策能力是企业领袖为维持企业生存必须具备的起码素质。

探索性决策有非常大的可能失败，例如，联想控股总裁柳传志在网络最为火爆的 2000 年，给 FM365 投资网站超过 1 亿元，下定决心运营门户网站；TCL 董事长李东生在 2005 年投资法国汤姆逊；顺驰地产前董事长孙宏斌在 2005 年下决心进行百亿元的规模扩张，后来的事实表明这些决策都是错误的，惠普前总裁卡莉坚持对康柏进行收购，让"惠普之道"成功转型，今天看来也是错误的，惠普购买康柏后反而得花时间与精力卖掉。由此进一步表明，一个成功的领袖，必须有决策勇气与魄力，还必须有承担决策失败的勇气与魄力，当然，也离不开正确的决策能力与素质。与此同时，探索性决策具有很大的风险，但是企业领袖就是在不断的探索中寻找到企业的未来道路，在实践中学习当然需要付出相应的代价，当然，这种代价多数是值得的，在不影响企业运营的情况下，企业领袖应该鼓励这种行为。

对企业领袖而言，他们已经在企业发展过程中完善了决策流程。古人说："凡事谋定而后动。"这句话就不科学，因为它没有区分大事和小事，一律让人谋划。我们应该对这句话做一下修正，即修正为"凡大事谋定而后动"较好，修正为"凡大事谋好而后动"就更好了，谋好就是要科学。好决策是艺术和科学的结合。

中国经济学者谭小芳认为："企业家或经理人在工作中常常需要对一些事物做出正确的分析、判断以及决策，不少经理人较为注重工作效率，希望能够以雷厉风行的风格辅助企业尽快拿出预设方案或计划。我遇到过计划制作得不够周详而导致企业受到损失的案例，也遇到过不少因为太过谨慎而失去了市场机会的实例。经过总结，这些决策者基本有这么两个特点：一是一有什么想法就立即付诸实施，但还未对所做事情周密考虑，俗话说冲动是魔鬼；二是悠悠哉哉推迟或者根本就不做出决策，这都是不好的现象。"

企业领袖是企业游戏规则的制定者，这里面当然包括如何决策。无权单独决策的时候，就需要交到相关部门复核。即使是企业领袖的决策，也最好交由财务审核，评估一下企业目前的财务和生产资源是否可以支持该决定。决策需要和企业的核心能力相协调，企业领袖的决策是让下属的业务、生产、储运部门执行。邀请他们一起讨论，可以收集更多信息校准决策。领袖在做决策时，总是先试验性地做一些探索工作，如委托一个干将成立一个独立的事业部门，在和这个人做好充分沟通的基础上，让他大胆地试和闯。这样的决策先在小范围内试验，改掉其中无法执行的部分，总结出可能遇到的问题和解决的方法，然后大面积推广。遵循一系列的流程，就能提高决策的成功效率，做到既不激进，也不懈怠。

只有运筹帷幄，才能远见卓识

　　"运筹帷幄"出自西汉司马迁《史记·高祖本纪》："夫运筹帷幄之中，决胜于千里之外，吾不如子房。"说的是汉高祖刘邦在洛阳南宫的时候设了酒宴，让自己的王侯将领说出他们的真实想法，也就是他为什么会得天下而项羽会失去天下及他与项羽有什么不同之处。高起和王陵的回答是：陛下让有才能的人攻取城池与战略要地，给立大功的加官晋爵，所以我们才甘愿追随，陛下也才能成就大事业。而项羽却和你的做法南辕北辙，他嫉妒有贤能的人，立了功的人也不给予奖赏，这就是他失天下的原因。刘邦听了后，认为他们说的有道理，但这只是一个方面，他强于项羽最重要的原因是他能用人、会用人、敢于用有才能的人，他称赞张良说："比如我们在后方，在帐篷内运用计谋指导千里之外的前方作战计划，我比不上张良；平定国家，安抚百姓，给士兵军饷以及粮食，我不如萧何；带领众多的士兵去打仗取得胜利，我不及韩信。这三个人都是有本事的英雄，我能够善于运用他们的才能，这就是我比项羽高明而取得天下的原因。"这个故事说明：张良能够在千里之外运筹帷幄地指挥士兵。作为领导人的汉高祖刘邦，他身居高位而善于用人，一切都在他的优秀指挥之下，那些具有大将之才的人何尝不是他的兵，他在这里不也成了一个运筹帷幄的大将军吗？这何尝不是一种高瞻远瞩、运筹帷幄的能力？

　　运筹帷幄是一种能力，要成为商业领袖，智谋与眼光一定要比其他人更长远与全面。目标远大，意志也一定要坚强，目光短浅、没有远见的人只能看到近处利益与琐碎的小事物，往往考虑不了未来，眼光里没有长远的目标怎么可能适应瞬息万变的商业战场？所以没有远见的人是不可能把自己的事业发展壮大起来的，更不要说成为一个运筹帷幄的商业领袖。作家乔治·巴纳说："远见是在心中浮现的将来的事物可能或者应该是什么样子的图画。"有远见的人心中装满整个世界，世界上最可怜、最贫穷的人并不是身无分文的乞丐，而是那些没有远大理想且对自己的未来不抱希望的人。你只有比别人看得更加长远、更加全面，先于别人发现事物，你才有可能做到别人做不到的事情。伟大的商业领袖必须高瞻远瞩，才能运筹帷幄，决胜于千里之外。

远大的目标可以给人以鼓舞，它呈现在人们的脑海里，让人们看清楚自己想要到达的目的地，鼓舞并且引导你去付诸行动，它让你更加胸有成竹地去面对以后的机会和挑战，从而能把自己的事业发展得更好。

同样，作为一个企业的领导者，必须要有高瞻远瞩的战略思想。

1994 年，安踏的销售额很低，利润也跟着下滑，丁志忠为了提高销售额，打算找广告公司去做公司推广，他觉得从长远的角度考虑，安踏应该有属于自己的品牌，一个企业只有拥有自己的品牌才可以立足于商界并且做大做强，也才能发展得更加长远。为了更快地打开国内市场，他找到广告公司为安踏做企业形象设计，但因为当时安踏公司的业绩不好，销售额低，利润少，所以公司的许多高层管理者更加不愿意花费金钱在广告上，他们认为应该保守地发展公司，广告花费实在是太多了，本来公司就利润少，应该是开源节流的时候。可是，作为一个商业团队的领导者，要让公司可持续发展，不断壮大起来才是终极目标，不可一味求稳而不愿意尝试改变，丁志忠最后从大局出发，还是坚持执行自己的这个想法，他不顾其他高层的反对，请了设计公司、包装公司，体育明星孔令辉来做安踏的代言人。

1999 年，孔令辉在央视说出了安踏的第一句广告词："我选择，我喜欢。"安踏一下子进入了大众的视线，从晋江的那些制鞋小厂中脱颖而出。有付出必然会有回报，几个月后，广告产生了巨大的作用，安踏从全国各地接到了很多订单。2000 年悉尼奥运会上孔令辉夺得男子乒乓球单打冠军，这使得安踏从此一举成名，从一个不为人知的小品牌发展成为中国知名度非常高的品牌。我们可以看看安踏的成长：极具前瞻性的明星代言，让安踏开始树立了自己的品牌，为以后的市场做了很好的铺垫，从此以后，安踏连续六年夺得市场综合占有率第一名的好成绩，安踏品牌也铭刻在了国人心中。强大的代言阵容以及安踏对专业的追求，明星所体现的体育精神赋予了安踏意义，安踏区别于其他品牌的就是体育精神与拼搏精神。丁志忠在这一方面做得很出色，他完全明白商场如战场，一味地求稳是不可能把公司发展壮大起来的，他先是运用强大明星团队代言了安踏品牌，如孔令辉、王博、巴特尔这些叱咤体育界的英雄人物，从这里可以看出他的这一决定对安踏有多么重要的影响，这一切都与他的高瞻远瞩有关，一切都在他运筹帷幄的掌握之中，他重新赋予了安踏这个名不见经传的运动鞋品牌新的生命，拼搏进取的体育精神也深深地烙在了广大消费者心里。

2006 年之后安踏又重新制定了战略方针，从"明星"到"平民"的转化，他们与之前的策略大有不同，甚至有点"南辕北辙"，在人们开始认同安踏广告中的明星代言效应之后，他们却又开始大胆地起用了平民，在新广告中大胆地出现一张张普通的生面孔，他们将这些人生活中的运动场面放到了新广告中，人们都在为这个大胆举措而感到担忧，但是令人们万万没有想到的是，这则符合中国本土情结的广告再一次取得了巨大的胜利，它带给观众更大的惊喜，安踏也因此获得了很大的收益，新广告中很强的节奏感和视觉冲击力把人们带入拼搏进取的氛围，充满青春活力的广告语所表现的励志精神给广大民众留下了很深的印象，通过这个广告，安踏的品牌力明显获得提升。安踏从"我选择，我喜欢"到"永不止步"，这其中经历了很多风雨磨炼，但唯一不变的就是它不断超越、不断创新以及不断改善的企业精神。

勇于创新，永不止步，是丁志忠认为要把一个价值数亿元的品牌做强做大的根本原因。回顾安踏的发展历程，围绕对品牌产品精神化的品牌策略，就是丁志忠对安踏公司运筹帷幄的最好诠释。

做领袖，要有超强演讲力

纵观古今，很多领袖人物都具备超强的演讲力，如林肯、毛泽东、马云、俞敏洪等。

企业领导者不用怕自己不具备这种能力，没有一个人天生就是讲故事的高手，很多领袖的演讲力都是后天训练出来的。

如法西斯巨头希特勒有着极具煽动性的演讲能力，凭借苦练演讲能力，从流落街头的游民变成德意志国家元首！作为一个长期生活在巴伐利亚的奥地利人，他的德语普通话能讲得如此标准，实属难能可贵。甚至后来他能发动侵略战争都与他能让人狂热不已的演讲能力分不开！希特勒的口才与精力极其惊人，他曾创下了在一年内竞选 5 个不同的职位，7 天内拜访 20 座城市，一天内公开演讲 10 次的纪录。几乎每次演讲都是脱稿进行，而且针对各地选民关心的不同问题，他演讲的内容也各不相同。

希特勒的演讲有很多特点：首先，他在演讲前一定要沉默很长时间，一直等到群众由闹到静，又从静到叽叽喳喳时，才开始发言。其次，他开始演讲时语调极其平缓，但很快就激昂澎湃起来，伴随着手舞足蹈，还经常踮起脚尖，几分钟内就达到歇斯底里的境界。再次，他的演讲从来不超过半小时，往往只有十分钟左右，在此期间，他不会给听众任何打瞌睡或织毛衣的机会。最后，他演讲的内容相当简洁，提到最多的就是"德意志"、"国家"、"民族"、"振兴"、"正义"、"敌人"、"形势"、"斗争"、"成就"之类的词，从来不引经据典，只谈论现代的事情。从他牙缝里冒出的每一个字都洋溢着民族主义和爱国主义的气息，那种疯狂的场面使得演唱会都黯然失色。

当时有报刊曾经这样评论希特勒："此人正在用演讲杀人。"后来的历史证明了这句话的高瞻远瞩！

美国第 16 任总统林肯的演讲能力也一直被世人评为经典，但是，很少有人知道他的口才是"疯狂训练"的结果。为了提高说话能力，他经常徒步 30 英里到一个法院去听律师们辩护。他通常一边倾听，一边模仿。他还经常去听教士布道。当他看到那些云游四方的福音传教士挥舞手臂来增加气势，听到他们声震长空的布道后，便下意识地模仿他们的样子，并不断练习。他曾经对着墙壁、树桩、成行的玉米练习，直到自己也能谈吐自如。

日本前首相田中角荣也是口才极佳的人。据他自己坦言，年幼时患有严重的口吃，经常遭到同学们的嘲笑。后来他发现自己在感情激动的时候比较容易发出声音，于是就报名学习戏剧，在舞台上，随着戏剧冲突的起伏激发出自己的潜能，终于治好了口吃。可见，语言能力是可以后天培养的。

企业管理者要想拥有和领袖人物一样的超级演讲力，那就最好进行以下这些练习：

（1）找到适合自己的语言风格。作为企业领导者，你既可以成为大刀阔斧的演讲者，像程咬金一样一上场就是"三板斧"；你也可以和风细雨，娓娓道来。关键是要适合你的身份、作风及性格。选定好自己的风格，才能在选取素材时，尽量发挥自己的长处，这样，你的气质就会融入你的口头表达，你的口才也会不仅精彩，而且很有特色。

（2）在特定的场合，要用特定的语言形式。在不同的场合，要学会运用不同的语言风格，使讲话切合情境，和环境气氛相统一。跟文人雅士说话，你也要温文尔雅；与专业人士说话，你也要熟悉专业术语。这样才能调动气氛，赢得掌声。到什么山上唱什么歌，让场面、气氛来推进你，让听众、时局来造就你，你也就可以驾驭一方场面，一呼百应了。

（3）说话要诚恳。美国前总统林肯就懂得用诚恳的态度来说服听众。1858 年，林肯到伊利诺伊州作竞选演讲。当时，伊利诺伊州有一群坏蛋预谋要捣乱会场。他们放话说："如果林肯敢来演说，宣传奴隶解放，就将他赶出会场，置他于死地！"在演讲中，林肯说了这么一番话：

南伊利诺伊州的同乡们，肯塔基州的同乡们，密苏里州的同乡们！

听说在场的人群中有些人要为难我，我实在不明白为什么要这样做。因为我也是一个和你们一样直爽的平民，那为什么我不能和你们一样有发表意见的权利呢？

好朋友，我并不是来干涉你们的人，我也是你们中间的一个人。我生在肯塔基州，长在伊利诺伊州，正和你们一样，是从艰苦的环境中挣扎出来的。我认识南伊利诺伊州的人和肯塔基州的人。我也想认识密苏里州的人，因为我是他们中的一个，而他们也应该认识我更清楚一些。如果他们真的认识了我，他们就会知道我并不想做一些对他们不利的事情。同时，他们也绝不会再想对我做不利的事情了。

同乡们，请不要做这样愚蠢的事了。让我们大家以朋友的态度来交往。我立志做一个世界上最谦和的人，绝不会去损害任何人，也绝不会干涉任何人。

我现在对你们诚恳要求的，只是请你们允许我说几句话，并请你们静心听着。你们是勇敢而豪爽的，我想这一点要求一定不致遭到拒绝。现在让我们诚恳讨论这个严重的问题……

这番谦逊、诚恳的话，平息了紧张敌对的情绪。一些企图捣乱的人不但没有捣乱，还对林肯的演讲大声称赞，并成了他的好朋友。卡耐基曾研究过林肯的演讲，他认为林肯最大的优点在于："善于运用诚恳谦逊的态度，来说服自己的听众。"

（4）多读书增强知识。我们在日常生活中，要多读书多看新闻，了解世界的动向，经常关注身边的事，吸取对我们有用的东西，了解世界各地的文化风俗习惯或人物的特性，以及时尚风向、艺术新作、近期流行服饰、电影戏剧作品等。如果你在了解中学习、积累、思考以及开阔自己的视野，那么，你就能在各种场合中有出色的表现。

总之，说一位领导驾驭语言的能力强，他绝不仅是简单的能说会道、口若悬河、滔滔不绝；更不是堆砌华丽辞藻。他要做到在各种场合说适当的话；针对不同性情的人用不同风格的语言，要让听话的人不知不觉地进入他的语境，自动听从他的指挥。

第二章 计划之道——制定计划和实现计划的能力

商场如战场，战场需要攻城略地、缴获物品，商场则需要抢占市场、拉拢客户，只有这样企业才能生存下去。为了占领市场，为了垄断资源，为了让自己的企业在社会上有最好的生存空间，作为企业的领袖，必须制定有效的战略，果断决策，明确地知道自己下一步要做什么。

成功的企业要有计划

企业要成功需要良好的计划，而要做好计划则需要具备长远的目光。凡是领袖人物，大都擅长制定自己的工作计划。当然，在执行计划的过程中并没有想象的那么简单容易，这要求领袖们即使到了穷途末路，也要振作起精神，鼓起勇气去拼搏一番。倘若能够这样有耐性地、不屈不挠地努力去做，那么胜利一定会属于你和你的团队。

反之，只能看见眼前利益的人是没有长远打算的人，而出色的领袖必然不会是这样的人。具备长远的眼光，就意味着拥有周密的计划，最好是一个出人意料的计划。换句话说，就是居安思危。如果一个领导者缺少计划，就不得不在职业旅途上无限徘徊，永远不能确定努力的方向。

领袖的组织能力还包括善于制定计划。做任何事，都应该制定一个完善的计划，并为之分门别类，按部就班；而每一个大计划又有许多阶段的独立计划，每一个独立计划彼此还有着紧密的联系，并且能做到互相之间有机衔接，以便加以统筹安排。

例如，打仗就需要提前制定一个具体的整体计划；而每一次战役，又需要有战役计划。现代企业管理同样如此，每一个部门都应该拥有自己的部门计划。计划还要按照具体时期、种类分别安排，国家如此，个人也不例外。当然，个人的计划也要分门别类，有一生的计划、一年的计划、一日的计划；做一件事又要有一件事的计划；之后按照计划行事，自然就会有所成就。

一说苹果公司，我们的脑海里就会闪现出史蒂夫·乔布斯的大名。这个创造了 iPod、iPhone 以及 iPad 的美国人，头顶上可谓聚集了太多的光环。在他的带领下，苹果公司 2007 年底股价一直飙升到了每股 200 美元。

然而很少有人知道，这个如今令人景仰的公司，10 年前的股价只在 3 美元左右。令苹果公司从破产的危机中逐步走向蓬勃发展，关键就在于一点——史蒂夫·乔布斯的高瞻远瞩。

从苹果产品诞生的第一天，苹果公司就被打上了史蒂夫·乔布斯的个人烙印。创新，走一步看三步，这是苹果公司持之以恒的发展策略。因此，与其他公司不同的是，苹果公司在史蒂夫·乔布斯的带领下，不断开发新产品，不仅取得了技术上的领先，成功上市也证明了其在市场上的成功。

到了 20 世纪 80 年代，具有忧患意识的史蒂夫·乔布斯意识到，再优秀的产品也需要精准的营销。于是，他邀请百事可乐的总裁斯考利加盟苹果公司。

如今看来，史蒂夫·乔布斯的这一深谋远虑，无疑是正确的。然而，他在挑选人才上却出现了重大失误。与史蒂夫·乔布斯"专攻"理论有区别的是，斯考利主张多元化发展，在他的带领下，苹果公司陆续开发了数码相机、随身听、音响系统，甚至还有游戏主机。可是，这一做法并没有让苹果取得理想的成就，反而因为产业链过于庞大，导致公司资源严重分散，公司的核心产品无法获得应有的研发资金，公司承担着巨大的资金压力。也正是在这一关键时期，微软公司获取了苹果公司在图形界面领域的多项专利，造就了Windows3.1 与 Windows95 的巨大成功。至此，苹果公司变得无足轻重，慢慢消沉起来。直到 1997 年，苹果公司亏损高达 10 亿美元，市值也只有区区 30 亿美元。在此之前，史蒂夫·乔布斯也被迫调离了苹果公司。

尽管史蒂夫·乔布斯因为聘请斯考利，进而导致了苹果公司在某一时期的惨败，但是，史蒂夫·乔布斯当年制订的计划却毋庸置疑是正确的。因此，苹果公司董事会经过多次讨论，1997 年，再次将史蒂夫·乔布斯请了回来。

再次回到苹果公司的史蒂夫·乔布斯，依旧摆出那副高瞻远瞩的样子，好像把未来的一切都看透了。但这一次，他没有再依赖别人，而是只凭借本人的力量，在苹果公司内部进行了一次大换血。

史蒂夫·乔布斯再次担任苹果公司 CEO 后做的第一件事情，就是将生产线大幅缩水。60 多个产品瞬间精简到只剩 4 个。当时，大多数人不理解史蒂夫·乔布斯的举动，但史蒂夫·乔布斯却丝毫不妥协，因为对未来的规划，他已经胸有成竹。

紧接着，史蒂夫·乔布斯再一次展现出他的高瞻远瞩。他下定决心重新从工业设计着手，以家用为切入点。而此时，一个人的到来对史蒂夫·乔布斯的计划起到了关键性的作用，他就是乔纳森·艾维。乔纳森·艾维进入苹果公司后，设计出那种透明的类似果冻效果的电脑外观，这让所有人大开眼界，它瞬间改变了人们对电脑的印象。这次改变，为苹果公司的再次崛起打下了坚实的基础。

更让人震惊的是，史蒂夫·乔布斯居然与对手微软公司达成了协议！所有人都不理解史蒂夫·乔布斯这样做的缘由。实际上，他很早以前就看清了未来的发展趋势：尽管在操作系统领域，微软是自己名副其实的对手，但是在其他领域，两家公司的合作却更多。正是基于这样的考虑，史蒂夫·乔布斯对两者的关系进行了一次彻底的重新审视，这样，苹果公司与微软公司两个看似永远站在对立面的企业，居然达成了战略同盟。

这份魄力，相信没有几个人能够轻易做到。但史蒂夫·乔布斯做到并成功了。通过与微软公司的合作，苹果公司获得了微软的大量投资，还得到了微软公司在苹果公司的 Mac 平台下继续开发 Office 软件与 IE 浏览器的承诺。

正是凭借着史蒂夫·乔布斯的高瞻远瞩，苹果公司一转颓势，迎来了一个新的时代。

有人说："没有计划，就是正在计划失败。"领袖人物都善于制订自己的工作计划，他们很清楚自己预想的目标，并且会为这个目标的实现而制订周密的计划。有管理者调侃："你可能不会被大象踩死，但你可能会被蚊子叮咬。"而蚊子，就是你疏忽的地方。由此可见，计划是任何一个目标实践过程中必不可少的东西，而且要详细到把所有要做的事项都列下来，并按照先后顺序排列，然后按计划行动。这样，才能一步一步向目标迈进。

制定全面、周密的计划

计划是事先制定的，是进行某事或制作某物的一些详细的方法步骤。计划的制定是预先决定过程和内容的一种程序。它包含确定总任务，鉴定产生主要成果的领域，并规定具体目标以及制定为达到目标所需的政策、规划和程序。

计划是现状同想要达到的状况之间的桥梁，是预见想要达到的目标，估计会碰到的问题，并提出解决问题的办法。

计划是从实际出发的思考、想象和规划，以便确定、决定和安排达到目标所必需的各种活动和成就。

计划就是拟订和修改我们期望能实现的"蓝图"。

计划就是谋划如何使用我们的时间、资源和努力，以便实现我们期望实现的目标。需要成为推动我们计划的动力。计划使我们的思想具体化，如体现出我们的期望、我们期望何时做好、谁去做事、如何做等。

计划就是使那些本来不会发生的事情成为可能。

……

计划的定义是如此之多，以至于我们无法确定计划的准确含义。但是，我们从以上定义中可以总结出这样一点：计划关注的是未来，更是对未来的一种人为控制。

未来的不确定性使人们对未来充满了恐惧和无奈。这种恐惧迫使人们想方设法去控制未来，以避免不确定性事件对我们造成伤害。而人类控制未来的唯一方法就是对未来可能发生的各种事件进行预测和分析，找出最可能发生和可能造成最大伤害的事件，并采取相应的对策以消除或减少这些事件的危害。因此，计划的本质就是预测未来、规划未来、控制未来。

领袖人物为企业做计划应该从以下四大层次着手：

第一阶层：决策人员的战略计划。决策人员战略计划的主要内容涉及企业要达到的整体性成果。

（1）长期目标和政策。

（2）组织发展方向，如何发展。

（3）什么样的预算需要批准，需要什么资源。

（4）由什么人控制什么事；什么人应该对什么事负责。

（5）所期望的成果，何时、何地要达到这些成果。

第二阶层：高级管理人员的策略计划。高级管理人员的策略计划主要是为了实现全面指挥。

（1）如何实现已确定的目标。

（2）需要的资源和设备。

（3）什么时候实行已经批准的方案。

（4）应该在什么地方对一些重要活动加以协调。

（5）确定不同人对不同业务进行监督。

第三阶层：中基层管理人员的工作计划。中基层管理人员的工作计划常常要规定部门的业务重点。

（1）中基层管理人员个人工作安排、工作布置。

（2）要求的具体日程。

（3）要求的资源设备。

（4）如何对员工的工作进行指示和激励。

（5）进度报告和必要的改正措施。

（6）为了完成所分配的任务而需要进行的协调。

第四阶层：各个岗位的工作计划。前三个层次计划的执行最终都有赖于各个岗位的计划支持和落实，因此各个岗位的工作计划应包括以下内容：

（1）岗位任职者的每日工作计划、时间安排。

（2）需要的人、时间和支持。

（3）遇到的困难，是否需要请示汇报，或自己有无解决办法。

（4）进度报告和必要的改正措施。

（5）完成任务的优先次序。

（6）对被打乱的计划进行调整。

增长远见，做好计划管理

计划可以说是一种理念、生活态度和行为方式。领导者在进行计划管理时，必须从更广阔的视角去认识和理解管理，提高自己的计划管理水平。也就是要求领导者从思想上、态度上和行为方式上来提升自己，只有这样，才能成为一名真正的领袖。

1. 培养远见

远见就是对未来的一种清晰而准确的判断和描述。

远见是计划的核心。没有远见的计划是毫无价值的，也是与计划本身的要求相违背的。

远见的价值可以用图 2 – 1 表现出来。

从图 2 – 1 中可以看出，远见是获取企业竞争优势的关键。我们怎样才能更具远见呢？

事实上，远见是人们对未来世界的一种自我理解。这种理解是建立在自己的经验之上的。换言之，人们所理解的未来是他们对过去经验的一种延伸。因此，一个有经验的人往往比一个没有经验的人更具有远见。我们应该加强对现实世界的体验，这些体验应该是多方面、多层次的。

需要注意的是，在这样一个复杂多变的社会里，经验的负面价值日益明显。昨天的成功经验往往到了今天和明天就完全没有价值了，相反，昨日的成功经验还会成为一种包袱和陷阱。在这样的环境中，要形成自己的远见，尤其是形成清晰而准确的预见更是难上加难。

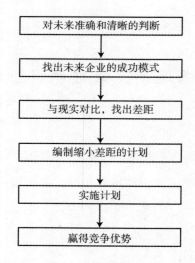

图 2-1 远见和企业的竞争优势关系

因此，如果要有远见，首先，要保持一种发展和跳跃式的思维方式，这是非常有必要的。其次，你还必须有一种能透过事物表象看到其本质的能力。尽管外部世界瞬息万变，但一些本质上的东西是永恒不变的，或者说更具有时间上的连续性。最重要的是，一定要形成思考的习惯。思考是一个去伪存真、抽丝剥茧的过程。

2. 明确实力和弱点

不论是为个人还是为企业制定计划，都必须明确自己的真正实力，明确能干什么、擅长什么和喜欢干什么。如果是为企业制订计划，还得明确所在企业的实力。

明确个人和企业的实力是制定计划的前提。计划的目的就是使自己在未来的生活、学习和工作中做得更好，使自己的行动更有效，从而能更快地实现梦想。但是，毋庸置疑，每个人都有自己擅长的方面，也有不擅长的方面。例如，有的人善于交际和演讲，而有的人善于思考，还有的人动手能力很强。

因此，一个人价值最大化的方法就是发挥自己最擅长的一面。相应地，一个人的目标和理想也应该是基于自己的特长和实力。只有这样，才能使自己的行为效用最大化。因此，在制订计划时，首先应该对自己的实力和特长有所了解。其次，在此基础上制订出一个能充分发挥个人特长的行动计划。反过来说，你的计划只有基于你自己的实力和特长，才有实现的可能性。

以上道理同样适用于企业计划。假如要制订一个企业经营计划，在了解外部环境对企业所提供的各种机会和可能带来的威胁的基础上，必须对企业本身的实力，也就是企业的强弱项有所认识。相对于个人而言，明确企业的实力要重要得多。市场竞争的残酷性促使每一个企业都不得不想尽一切办法超越竞争对手。

一个企业要想超越竞争对手，先得明确自己的实力和竞争对手的实力。根据竞争战略理论，一个企业的竞争优势主要来自于它的核心能力。因此，了解企业的核心能力是制定计划的前提条件。

相信没有一个企业愿意用自己的弱项与别人的强项进行竞争，正如没有人愿意拿鸡蛋去碰石头一样。扬长避短是企业获取竞争优势的不二法门，也是个人成功的最佳选择。

明确有限的工作范围内到底需要做哪些具体的事情

一个真正的领袖，能够在有限的工作范围内明白自己需要做哪些事情，对已制定的计划都能做好管理。企业领导者要想具备这样的能力，在日常管理中要做到以下四点。

1. 确定优先考虑的事情

重要的任务能够给投入的时间以高回报，并能对长远目标和任务的实现起到不可忽视的作用。对紧急任务需要即时采取行动，如果不能即时付诸行动，就有可能对任务和目标的顺利实现产生重大影响。

第一，在行动之前，先研究所列出的项目，问问自己，列出的每一件事情是否都使自己向任务目标靠近；选出那些与目标直接相关的任务，并将它们按照优先原则依次排列。

第二，将重要并紧急的任务排在最前面，然后列出重要但并不紧急的任务。而且，在准备着手实施一项新任务时，不要每次都停下来决定该优先考虑哪项任务。如果在工作的前夜便对此加以明确，或者将它作为每天清晨的第一项工作，那么就能够取得更高的工作效率，能够更好地掌握时间，并且能够知道哪些重要的工作正在进行中。

第三，不时地对确立的优先事项进行检查，并在有充足理由时对其进行修正。不要害怕对那些可能破坏你整个策略的不重要任务说"不"，始终将目标放在第一位。这样一来，就不会过高地估计正在从事的工作的重要性。

2. 一旦就绪，立即实施

不要太过沉湎于计划过程，否则会妨碍判断着手实施的时机。

过多的思考是一种毒药。在实践中，太多的管理者总是想得太多、做得太少，计划得太多、实施得太少。有的领导者每天都在制订计划，每天都在想象美好的未来，却没有付诸行动。这样的空想主义者是不可能取得成功的，制订的计划也是毫无意义的。

领袖人物总是把很多精力用在计划的实施过程中。他们一旦计划就绪，就全身心投入计划的执行过程。他们深知，计划是想出来的，但更是干出来的。过多的思考只会让人犹豫不决而错失良好机会。

3. 及时修改计划

我们身边的一切都在不停地变化，即使是一个完美的计划，也可能在执行的时候成为过时之作。事实上，很多领袖人物都认为：唯一 100% 不会过时的计划，就是刚刚经过修订的计划。

其实，计划就是用来修订的。灵活性和计划性是成功的计划管理必需的组成部分。它们不是"非此即彼"的关系，而是"既要……又要……"的关系。

因此，不断分析实力和弱点、机遇和威胁之间的相互作用，哪怕已经实现了某些初步的目标和任务。保持充分的灵活性，认真地对前方存在的挑战进行思考，等能够不带丝毫偏见地对待新思想的时候，再来判断什么事情重要、什么事情不重要。如果改变原定策略会对实现目标大有益处，更应该采取另一套新颖的行动计划。

同时，保持多样性或许是防止计划过时的最好武器，这和"不要把所有的鸡蛋放在一个篮子里"是一样的道理。多准备一些可供选择的方案，从而避免在原始方案奏效的情况下措手不及。还有，撤掉那些不能达到要求的方案。

4. 养成制定计划的习惯

为做的每件事情制订计划，使之成为一种习惯。

从日常生活中的小事做起，继而发展到人生目标和使命。明白什么是应该优先考虑的任务，并先去完成这些任务。不要祈求运气，全力以赴做应该做的事情。

成功是习惯行为的产物。如果生活中某一方面做得很出色，那么成功会延续到生活的其他领域。认真检查取得的成绩，看看自己做得如何，并且将今天的体会融入明天的策略。因此，如果能养成制订计划的习惯，并能在这方面做到非常出色的话，那么在其他方面也将会受益无穷。在管理中也是如此，只有养成制订工作计划的习惯，才能实现更有效的管理。

设定段落目标，集小胜为大胜

一天建不成罗马城，一天更无法筑成万里长城！要完成一个宏伟的目标，是绝无可能一蹴而就的，而是需要相当漫长的时间，甚至需要好几代人的共同努力。如果一开始就盯着终极目标或远大目标，可能会让很多人感到目标过于抽象模糊，因此望而却步，甚至连自信心也会遭受重创。

有"现代管理之父"之称的彼得·德鲁克说："把眼光放得太远是不大可能的——甚至不是特别有效。一般来说，一项计划的时间跨度如果超过 18 个月，就很难做到明确和具体。"这就好比挂在树上的果子，最吸引人的不是那个长在树梢、最大、最红的那个果子，而是跳一跳就能摘取的那个果子。

马化腾在谈到创业时也说，不要一开始就设定宏伟目标，而是把目标放到最低，事情是一点点细致地做出来的。

为了让大多数人能够跳一跳就触摸到目标，智慧的领袖会化整为零，将一个大的目标细分为几个小的目标，将一个大的问题分解成若干个小问题，划分成切实可行的步骤，一步一步来，像滚雪球一样，最终实现大目标。这就好比公路两边的路标一样，不仅用大图标标明距离目的地的路程，同时，还以千米为单位，用小图标标明一个个阶段性的目标。通过阶段式目标的实现，成就感和发展活力就会油然而生，可以让团队树立自信，消除反对声音，团结一切可以团结的力量，以更多的自信和勇气，去实现更大的胜利。

举一个生活中的简单例子，如果出版商要求你写一本书，建议字数在20万字以上，这一艰巨目标乍一听令人生畏，甚至给自己的心蒙上一层阴影，但是，你如果列好提纲，把这个任务进行分解，分步来落实，坚持每天写2000字，日积月累，100天就能完成这项看似艰巨的任务。

实证性研究表明，终极目标明确、分阶段的里程碑清晰，可以使人增强信念决心，从而快速地实现目标。

有这样一个例子：经历了几周高强度的军事训练之后，士兵们被分成四组，彼此之间不能联系。所有的士兵都要在同一天在同一地段行走2万米。第一组被告知明确的方向，并能及时了解已经完成的距离。第二组只是被告知"这是你所听说过的长途行军"，这些士兵既不知道要走多少路，也不知道已经走了多少路。第三组被告知先走1.5万米，但是当他们走完1.4万米的路程时，又被告知必须再走6000米的路程。第四组则被告知必须要走2.5万米的路程，但是当他们走完1.4万米的界碑时，被告知只剩下6000米的路程。

结果表明，那些明确知道必须要走多少路以及行军途中能及时了解已经走了多少路的士兵，比那些不曾得到这些信息的士兵成绩要好。表现最差的则是未获得关于目标或者已完成路程等任何信息的那组士兵。

管理企业也是一样，设定明确的段落目标，才能唤起员工的积极性。古往今来的很多领袖人物都熟悉这样的管理之道。

实现目标的道路：把眼光放长远

眼光有多远，企业才能走多远。大企业的发展靠的是一种长期的战略部署，而不是目光短浅的逐利行为。不能看到什么流行就搞什么，昨天都一味地发展低端制造业；到了明天，看到房地产业比较火爆，全都去发展房地产业了；之后就是占领资源产业，全部进军煤炭业。公司在追逐利益的过程中找不到自己的主营产业，失去了自身的特色，百年发展也就无从谈起。

一个优秀的企业领导一定要记住：公司经营的不是利润而是时间，长久的发展必须具备战略眼光。领导一定要眼光长远，敢于想象百年之后的发展。试想，如果仅追求眼前的利润，那么在虚拟经济、金融业发展极其迅速的现在，所有的公司都去搞金融了，我们就看不到快餐业的麦当劳、零售业的沃尔玛、汽车行业的丰田、三菱等。但是每一个企业都有自己的发展特色，每一个企业都有自己的主营业务。在跨国企业的发展过程中，它们不可能时时刻刻都盈利，在企业发展的艰难阶段，不要忘记自己的长期发展目标，只有这样才能够应对危机，并将企业做好做大。

所以，企业要想发展为百年品牌，就需要企业家高瞻远瞩。作为企业的领导者，不仅要让追随者看到企业远景，而且要让他们生活在其中，呼吸在其中。唯有如此，他们才能在工作中找到企业发展的方向，找到自己前进的动力。企业的发展是集体智慧的结晶，仅靠领导者一个人的思想，企业的发展是短期的、可见的。

眼光有多远，企业就能够走多远。企业的发展应该基于长期的战略目标之上。在当代，全球知名的百年企业的每一次转变都需要深思熟虑、经过反复验证。如果跟随市场风气，随意转型，那么如有不测，对于这样的百年品牌来说，损失是非常惨重的。

雷曼兄弟作为美国第四大投资银行，却在 2008 年的金融风暴中轰然倒塌。雷曼兄弟的倒塌引起了美国华尔街的无限恐慌，美国政府对此也是爱莫能助。归根结底，雷曼兄弟的倒塌在于它的贪婪，在于它只看到眼前的利益而忽略了企业的长远发展。贪欲占据了雷曼兄弟所有思想，从而使得雷曼兄弟在面对利益诱惑的时候，缺乏理性的思考和技术型的判断。当大祸临头的时候，再也没有人能够保住它了。

有人说企业就是为追逐利润而存在的，但是企业的长远发展追求的不仅是利润，只有放长线，才能钓大鱼。贪欲的另一面很可能就是陷阱。缺乏理智的分析，空有发财的热情是远远不够的。企业在市场发展中不断寻找市场机会获得利润并非长远之计，要想将企业做大做强，就需要停止投机行为，回归理性的经营和管理之路。雷曼兄弟的教训告诉我们，在企业的发展中不仅要重视产品和技术硬实力的打造和管理，同时还要重视核心软实力的发展，包括企业文化、企业价值观等。

沃尔玛之所以能够发展成为世界性的连锁产业，就是因为在企业发展中坚持商业发展的根本："为顾客节省每一个铜板。"这一原则也是山姆非常热爱的经营理念。从小镇杂货铺起家的山姆并没有多少发展资金，他不可能去开设大型超市，也不能成为某个大公司的子公司。他面对的每一个客户都非常具体，他们珍惜自己身上的每一分钱，希望让自己的每一分钱都花得物有所值。所以，在最初的创业阶段，山姆就指出，沃尔玛不是销售某些低价商品的商店，而是实现所有商品都廉价销售。让沃尔玛的商品价格比任何一家都低，要让顾客想起沃尔玛的时候，想到的是它的低价格和确保令人满意的品质。正是坚持和发展了这一理念，沃尔玛才能实现它长足的发展和向世界的进军。

要创造百年企业，必要的时候还要懂得舍弃，懂得放下。并不是所拥有的都是最好的，有时候企业要追求长远的发展，就需要放下眼前的利益。整合资源，实现企业的最优结构，才能促进企业的长远发展。

拥有130多年发展史的日本东芝已经打开了国际市场，成为笔记本市场的领头企业。东芝的发展不仅是因为它有着先进的技术，更是因为领导者舍得割舍，把企业的长远发展放在首位。根据1993年的一项统计显示，东芝共拥有子公司 532 家，关联公司 157 家，业务涉及范围非常广泛，但是公司的发展不一定要靠发展业务量来实现。所以，当时东芝的领导者果断决定收缩以求增长。之后，东芝将自己还能够实现盈利的镍电池转让给了日本三洋机电公司，玻璃产品转让给了旭子公司，ATM 卡转让给了冲电气公司。在东芝将这些偏离自身长远发展战略的业务转让给其他公司的同时，东芝还通过兼并、控股、结盟等方式增强了它们在 IT 领域的企业竞争力。例如收购了旭化成公司锂离子电池产品的全部股份，与西门子公司合作开发 G3 手机协议等。所以当世界进入了 IT 时代时，东芝实现了笔记本销量世界第一，近十年平均每年 15% 的增长幅度。

东芝的发展与雷曼兄弟的失败刚好形成了鲜明的对比，雷曼兄弟在利润面前没经得起诱惑，所以最终在金融风暴的冲击下轰然倒塌，而东芝在发展中却始终坚持自己的发展方向，稳稳地把握住了企业发展的方向盘，在 IT 业的春天来临时取得了非常好的成绩。同样是百年企业，一个倒下了，另一个却取得了更好的发展。

要打造百年企业，同样离不开技术上的不断创新。创新是企业发展的源泉，现在世界上大多数百年企业都产生于工业时代，所以他们的基本发展模式都是工业＋信息。没有一家企业可以照搬别人的发展模式实现长足发展，每一个企业的发展都需要创新。创新并不难，难的是如何长时间地维持这种优势，将创新这种爆发力变为耐久力。

从这点来说，IBM 是当之无愧的百年企业，一直以来，IBM 都是以数量惊人的专利而被世人所称颂。正是这种敢于突破、敢于创新的精神激励着 IBM 去创造一个又一个新发明。例如世界上第一台印刷制表机、第一个成功商用的电子计算机、第一台磁硬盘驱动器、第一台采用集成电路的计算机、第一台激光打印机等。这些第一让 IBM 当之无愧地成为高科技的代名词，成了高新技术产业发展的常青树。

回归国内，"山寨"几乎成了中国特色的代名词，在这种情况下创新谈何容易。中国企业的百年梦想要想实现，必须改变现状，迎难而上。

每一个优秀企业人的经历都是不同寻常的，每一个优秀企业人的经历又都是大致一样的。中国企业家要实现自己的终极目标，就要立足当下，长远规划。舍得眼前的短期利益，才能够整合资源，让企业发展步入良性循环的轨道。同时，创新是企业发展的根本动力，没有创新，企业发展就会停滞不前，更谈不上什么百年企业梦了。

成为优秀的领袖，不仅要敢想，同时还要敢做，实践出真知，拥有百年企业梦很容易，但是实现梦却不那么简单。所以领袖者不仅敢于想象百年之后的今天，更敢想百年之后的明天。

描绘出希望实现的目标愿景

企业领导者在思考问题的时候必须越过现实的迷雾，发现企业发展的战略性机会和现实经营中潜伏的危机。让我们利用当前的经济低迷期来说明这个问题。当遇到这种挑战导致的经济低迷时，20%～40%的企业将再也无法恢复到以前的状态。而每几年就会发生一次经济低迷，所以企业变革管理永远是最重要的，如果企业不行动，就会落伍。为领袖者，要有勇气变革和实现目标。企业团队中的所有人都必须变革。企业领袖不仅要能说会道，还必须身先士卒，说到做到，做好榜样。

如果一个企业领导者不能引领企业在自己的行业不断强化领导地位，那么这个领导者很快就会成为企业发展的路障。思科总裁钱伯斯说："无论你现在处于什么位置，如果你认为自己不可能落伍，那你就错了。而且，如果你采取一种'我别无选择，只能退缩求存'的指导思想，你的生存率就会显著降低，而且你可能会错失自己职业生涯中最大的机遇，这种机遇现在正在出现。"

企业3～5年以后能得到什么样的结果，取决于企业领导今天的决策。因此，企业领导者需要做的第一件事，就是描绘出其希望实现的目标愿景。

为了将未来的愿景讲清楚，领导者需要一个整体的沟通策略，将自己的考虑告诉自己的团队。钱伯斯根据自己的领导经验制成了自己的时间表，并且对变革犹豫不决的企业领导提出了警告。他说："目标愿景的时间周期是5～10年，而可持续差异化的时间周期则是2～4年。既然如此，为了实现目标，你在下一个执行期——今后12～18个月内将要做什么？你要向自己的员工宣传，你必须沟通、沟通、再沟通。你还必须以一种非常透明的方式对自己的客户、股东做同样的沟通工作。哪些事情是可能做到的，为什么要做这些事情。如果等到每个人都表示赞同，或者大多数人都表示赞同时，一切就太晚了。你或者已经胜出，或者已经失败。"

当下的企业领袖和十年前的企业领袖在做事方式上已经有很大的不同，今天的企业领袖不仅需要思考自己行业里的事情，也需要不断做跨界的思考，有时候，革自己企业命的不是行业内的竞争对手，而是行业之外的入侵者。所以，我们看到很多企业领袖全世界飞来飞去，去感受足以引领未来的启示。企业领袖们开启自己一切感官系统，希望找到未来之门，然后率领自己的团队破门而入。

有时候，企业的客户在推动企业前进。客户告诉企业领导需要转型，企业领导必须在整个组织中贯彻执行转型工作。有时，领导必须变革组织结构；领导自身也必须改变风格，变着方式倾听意见。

未来到底是什么样的？有没有什么现成的管理工具来协助企业领导准确地完成预测？在对未来的把握上，总体的趋势性已经明显，那就是以互联网为首的信息技术发展将彻底改变企业与企业、企业和顾客之间的关系。

大家都知道现代网络有专业社区，也有社区领袖，还有不同的领袖在这里发表更多的真知灼见，而专业社区形成的市场聚合能力，已经远远超过之前传统企业在企业内部搭建和构造的能力。企业之间联合也好、互相合作也好，会形成一种新的产业状态，如果是松散的可能叫联盟，紧密的则会形成一种新型的企业。

在这场资源重组中，当然会有总体性的趋势。在网络时代，企业领袖的领导能力主要体现在对资源的整合能力、创新能力以及对未来趋势、市场变化更加敏感的能力。专家已经对未来的三个趋势做了总结。

企业未来趋势之一：世界范围内制造业向服务业转变。例如，20 年前 IBM 的产值中 80% 是硬件，而今天硬件的产值只有 20%，其他 40% 产值来自软件，40% 来自服务。目前广泛流行的云计算实质上是商务模式的变革，即把一次性购买物品变成提供持续性服务。

企业未来趋势之二：产业的垂直整合和横向整合，协作创新。例如，网络游戏解决方案公司可以解决方案为基础去整合游戏公司、运营公司、游戏人才培训机构；外墙阻燃保温材料公司可以以该产品为基础去整合上游助剂公司、下游装饰材料公司。但是整合能力取决于我们对于资源的经营能力。

企业未来趋势之三：模块化。例如，现在很多软件企业在做的服务几十万家中小企业的云平台就是模块化构成。中小企业可以按需使用、付费，共享一个大的平台支持。

如果一个领袖不注重未来的趋势，而还是维持以往的"领导"角色，那么就很难应对未来的挑战，企业可能只兴盛一个产品周期就没落了。

第三章　使命之道——领袖拥有一颗伟大、坚定的心

　　人生有三大级别：性命、生命、使命！第一个级别：性命，就是想办法活下来。第二个级别：生命，想办法让自己活得更加精彩！第三个级别：使命。不但为自己而活，更为别人而活，为帮助和方便更多人而活！一个没有使命的人，是不可能成为伟大企业领袖的。

拥有伟大的理想，生命永远闪耀着光芒

　　英国有句谚语："拥有伟大的理想，生命永远闪耀着光芒。"可以说理想给人以前进的动力和方向。很多领袖人物都拥有伟大的理想。

　　拿破仑是法兰西第一帝国缔造者，是众多人心目中的英雄，他说过一句经典的话："不想当将军的士兵不是好士兵。"这句话激励了他奋发向上并取得成功，也使我们领略了一代领袖的风范。

　　1769 年，拿破仑出生于地中海的小岛科西嘉，他的家族是一个意大利贵族世家，但是在科西嘉岛被卖给法兰西王国后，拿破仑的父母被视为当时的"科独"（科西嘉独立）激进分子，日子过得相当清贫。年少的拿破仑对父母

说："我们不要在这块小地方上为生活忙碌了，现在的拿破仑不再是科西嘉的拿破仑了，而是世界的拿破仑了。"

拿破仑9岁时，在父亲的安排下到法国布里埃纳军校接受教育，这是一所贵族学校。在那里，拿破仑身边都是一些夸耀自己富有而讥笑他人穷苦的同学："你以为在贵族学校上学你就能成为贵族了吗？不可能！"这种讥讽深深地刺伤了拿破仑，他既愤怒又无奈。同学的每一次嘲笑和欺辱都让他更加增强决心："我一定要比这些愚蠢的人强，做一个军官让他们看看！"

大多数同学都在业余时间追求女人和赌博，而拿破仑却把所有的时间都用来读书，想方设法与他们竞争。图书馆里可以借书，这对于拿破仑而言非常有益，他可以免费充实自己的才智，为理想中的将来做准备。那时候，拿破仑住在一个破旧的房间里，他孤寂、沉闷，却一刻也没有忘记读书，他还把自己想象成一个总司令，将科西嘉地图画出来，地图上清楚地指出哪些地方应当布置防范，这是用数学方法精确地计算出来的。长官发现拿破仑学得很好，便派他在操练场上执行一些任务。而他每次都能够完成得很好，从而又获得新的机会。就这样，拿破仑慢慢地走上了成功的道路。

忍受了整整5年的痛苦后，1784年，拿破仑以优异的成绩毕业，被选送到巴黎军官学校，专攻炮兵学。此后，他真的成为一名军官，并且创造了一系列奇迹：指挥的50多场战役，只有3场战败，连续5次挫败反法联军，歼灭敌军千万之军。在不到10年的时间里，他征服了大半个欧洲，当然也包括小小的科西嘉……

你看，拿破仑的远见与宽广的胸襟，催生了一个强大的法兰西帝国。如果当初没有"我要做军官，要比别人强"这样伟大的理想做支撑，拿破仑或许就在同学们的嘲笑、贬低声中迷失自己了，更无法取得后来的丰功伟绩，恐怕历史也就要被重写了。

所以，作为企业管理者，要树立伟大的理想，不管是个人的，还是企业的。笔者成立卡圣系统的概况也是这样。

国家的发展和强大必须有强大的金融体系作为保障，美国的发达和强大跟金融分不开，金融成就了美国的科技、军事、工业和信息化。如果中国的金融不够强大，可能长时间成为世界工厂，那我们只能靠出卖资源、破坏环境、出售廉价劳动力来生存。刚好，国家领导人提出了中国梦，在这样的前提下，卡圣系统在 2013 年创立。卡圣系统是专门从事教育培训、金融服务、策划咨询的文化传播运营平台，江湖中人送给创始人邓焱中老师·"卡圣"的称号。

邓焱中老师在培训咨询的生涯中，深知企业文化的重要性，一个企业能否做大做强和企业文化息息相关。

以下是卡圣系统的相关信息：

名称：卡圣系统。

标志：信用卡金融服务。

定位：信用卡金融第一服务平台。

宗旨：让企业和个人融资变得很简单。

使命：传播信用，为国人打造良好征信。

目标：帮助 1 亿人建立良好征信，影响 5 亿人注重征信！打造一个有良好征信的金融圈子！

价值观：我们追求让每一个客户都物超所值！

核心竞争力：方法（课程）＋落地产品（软件）＋人脉商圈。

在竞争激烈、人心浮躁的今天，卡圣系统致力于成为一个引领个人及企业和谐、健康发展的平台，帮助个人更好、更容易地创业，帮助企业得到健康的发展；以达到融资简单、赚钱容易、资金周转不再难的效果，并以此为目的来服务大众，服务社会。

如今，卡圣系统旗下品牌有：

人脉系统：卡圣会。

系统课程：财富风暴说明会、卡圣密训初阶班、信用创富高价班、卡圣金融总裁班。

落地软件：卡圣信用。

商圈商城：卡圣商城。

知识传播：卡圣系统公众号。

股权投资：卡圣投资。

2013 年底卡圣系统开始推行信用课程，目的是让国人懂得珍惜征信，遵守信用，并获得足够的现金流。卡圣系统取得了不错的成绩！其中，财富风暴免费说明会在全国培训人数达数十万人次。卡圣信用线上免费课程受训学员达数百万人次，卡圣系统在传播信用过程中做出了重要贡献！

在 2015 年初卡圣系统开始研发一款信用卡领域服务软件，让国人懂得珍惜征信，在遵守信用的前提下获得信用卡及金融的落地服务，让更多人有机会创业，最终帮助全民提升信用并不断改善生活品质，也为国家就业做出了重大贡献。

卡圣系统致力于：以打造国人良好征信为核心，正面影响社会人文，帮助中华民族重塑"仁义礼智信"、"温良恭俭让"等优良传统。为更有效地服务企业、服务中国人民、为我国金融发展做出贡献，帮助中国强盛于世界之林！

拥有坚定的信念，干涸的沙子也能变成清泉

一位哲人曾经说过，只要心里有坚定的信念，干涸的沙子也可以变成清

列的泉水。是的，信念就是这么神奇。

每一个屹立不倒的商业帝国都有一段令人心酸的发家史，每一个屹立不倒的商业帝国都存在一个甚至几个运筹于帷幄之中、决战于千里之外的企业领袖人物，每一个屹立不倒的商业帝国都是几代人共同理想、共同智慧的结晶……这些商业帝国百年不倒的秘诀就是——信念。

每一个不倒商业帝国里必定会有一个信念坚定的创始人，一个英明的领导者。创造沃尔玛传奇的山姆就是这样一个既简单又平凡的人物。在山姆几十年的奋斗史中，公司越做越大，公司的制度等在许多方面都发生着改变，但是让山姆坚持的那些信念却还是那样的简单、质朴。也正是这样简单的信念帮助他成就了自己的沃尔玛帝国。山姆将自己坚持的 10 个信念做出如下总结。

第一个信念就是敬业。山姆认为，"假如你热爱自己的工作，你就每天去努力做到完美，短时间内，你周围的每一个人便同样会从你身上看到这种热情并被感染。"敬业是领导必须具备的基本素质之一，敬业的员工是可爱的，敬业的领导同样也是受人爱戴的。只有热爱自己的工作，才会更加关注自己的工作。

第二个信念就是将所有的同事都当作合伙人。作为合伙人，他们能够分享你的利润和业绩，同样也能分担你的忧虑和痛苦。只有将你的同事当作合伙人的时候，企业的业绩才是超乎想象的。只有将每一个员工都当作合伙人的时候，他们才会对工作投入更多的热情。

第三个信念就是激励手段的多样化，而不仅依靠金钱和股票。作为领导，可以每天和员工进行各种问题的沟通，无论是生活的还是工作的；同时还可以让各位经理人调换职位，以保持他们对工作的好奇心和挑战性；让员工为公司的决策提意见，吸收采纳合理的意见。

第四个信念就是坦诚的沟通。作为企业领导，要尽可能地和你的伙伴进行交流，只有他们了解得越多，理解得越深刻，对于事物越关心，执行的时候才能够越畅通无阻。情报就是力量，你把这份力量给予同事得到的收益远远高于将情报泄露给竞争对手所得到的收益。

第五个信念就是感激你的同事为公司所做的一切事情，金钱的鼓励远远不及真诚的感激。几句言简意赅、精心准备的感激之词远远超过任何物质的奖励。所以，很多时候，我们可以不花一分钱而收买到人心，关键看你会不会做。

第六个信念就是成功之后的大肆庆贺，失败之后的教训吸取。作为企业的领导，必须具备大将风范，失败之后敢于自嘲，认识到了错误就及时纠错，成功了也要为之前的努力而庆祝。

第七个信念就是倾听公司里每一个员工的意见，广开言路。第一线的员工才是最了解真实情况的。你要尽量了解他们所知道的情况。为了组织更好地发展，要懂得下放责任，激发建设性的意见，所以你必须倾听同事们告诉你的事情。

第八个信念就是要做得比客户期望的更好。如果你真的能做得比客户期望的更好，那么他们将成为你的回头客，成为你产品的老用户。所以作为企业人，一定要妥善处理你的过失，要学会诚心地道歉，不要找借口。因为顾客永远是对的。

第九个信念就是要为顾客节约每一分钱，只有这样你才能超过你的竞争对手。对于企业来说，顾客就是上帝，顾客的利益高于一切，尽可能地为顾客节省每一分钱，就要有一个高效的运营团队，允许犯错误，但是却不允许在同一个地方跌倒数次。

第十个信念就是逆流而上，另辟蹊径，蔑视传统观念。市场是无限的，企业发展的道路也可以是千差万别的。作为企业领导者就要在市场中寻找无限的可能，老在一条老路上走，即使没有在阴沟里翻船，也可能存在很多麻烦。所以，企业管理者要根据市场的变化寻找新的商业发展契机。

这些信念都是简单的而且让人容易接受，但是要做到几十年如一日的坚持却是非常难的，山姆的伟大在于坚持了这些简单而质朴的信念，所以才能够成就沃尔玛的传奇。

也许每一个商业神话都没有我们所想象的那样神秘、那样艰难，最艰难的莫过于坚持下去，实现自我。中国曾经在改革开放中涌现出很多知名的民营企业，但是面对席卷而来的金融危机，很多企业都倒下去了。这是什么原因呢？

很多企业家在成功之后，他们都忘了自己在坚持什么。2008 年因为"毒奶粉"事件倒下去的三鹿集团曾经是我国奶粉业的行业翘楚，他们以"为了大众的营养健康而不懈进取"为自己的企业发展宗旨，但是却没有想到这个长在红旗下、生在新中国、被所有人看好的奶粉业领军企业却在发展壮大的过程中忘记了自己所坚持的信念。也许信念就是这样一种东西，你坚持的时候没有人知道，但是一旦背弃，就会被天下所不容。

一个能够长久发展的企业必须是一个有良心、有道德的企业。中国没有那么多百年知名品牌，打造中国百年品牌的重担落在了这群在新中国成长起来的企业身上。这就要求企业家要坚持自己最初的创业信念，用科学合理的方法管理自己的团队，用正确的激励措施激励员工，学会沟通，学会提升企业软实力，用尽可能多的手段提高团体的凝聚力。

山姆的十个信念虽然简单，但是却包含了企业各种软实力的提升，包括了领导人应该具备的基本素质。工欲善其事，必先利其器。要成就一座不倒的帝国大厦，作为一个企业领导人必须提升自身的软实力。

柳传志带领的联想集团的成功就集中地体现了小公司做事、大公司做人的道理。每个人都必须知道自己是谁，改变不了环境，我们就得想方设法适应环境，盲目投入除了勇气可嘉，什么也得不到。所以在企业的发展中，柳传志非常重视用人。凌志军将柳传志的领导风格归纳为"中和性"的领导风格，一方面，要学会"妥协"，做事不能走极端化道路，学会适可而止；另一方面，有一颗包容的心，万事没有固定的形式，只要达到目的并且合理就行了。确实，作为领导，他确实非常的聪明，该决策的时候当机立断，敢于大胆果断地任用新人，挖掘别人身上的闪光点，懂得运用集体的合力，能够顺应时代的发展做出改善，在大是大非的问题上绝不手软。从柳传志身上，我们看到了一个优秀的领导者所具备的各种素质，看到了联想集团成功的原因所在。其实，和山姆的十个信念一样，柳传志的领导艺术虽然独特，但是道理却十分简单，那就是他所说的小公司做事、大公司做人。学会做人才是一个企业家创造百年不倒品牌的根本，才是一个公司自我发展的立足点。

当我们看到那些不倒商业大厦的时候，不要羡慕，更不要妄自嗟叹。每一次成功背后的心酸都只有自己知道，每一座商业大厦的崛起都是很多追梦人智慧的结晶。作为一个企业的领袖，要想成就自己的帝国大厦，坚持信念，持之以恒，就会成功。

理想确立了方向，信念奠定了根基

所谓理想，就是要对人生立下一个终生奋斗的目标。人有了理想，工作时就不会觉得辛苦；有了理想，吃亏了也不会计较；有了理想，困难都能克服；有了理想，生活就产生莫大的力量。所以，人要有理想，有理想就有志愿、有理想就有抱负、有理想就有动力、有理想就有成就。世界上多少伟大的事业，都是靠着理想和愿望所产生的力量而功成名就。

《佛光菜根谭》说：一等根器的人，凭着崇高理想而行事；二等根器的人，凭着常识经验而工作；三等根器的人，凭着自己需要而生活；劣等根器的人，凭着损人利己而苟存。

信念，指的是人们在一定认识基础上确立的对某种理论主张或思想见解或理想坚信不疑，并尽全力身体力行的精神状态。所谓信念，通俗来说，就是一种大志、一种抱负以及一种社会理想。这个"大志"对于组织和个人都适用。人们只有确信自己所认同的社会理念是确定无疑的，确信自己所向往与追求的理想是能够通过一定的努力实现的，并在行动上加以维护与贯彻，就形成了坚定的信念，只有这样，才能获得持续的奋斗动力。

信念是一个人的精神支柱。毛泽东说过，人总是要有点精神的。没有良好精神的人，胸无大志、萎靡不振。缺乏信念的人，无法使正确的理想转化为有力的行动，还往往容易动摇已经确立的思想。

理想确立了方向，信念奠定了根基。正确的理想信念，是企业领袖的精神支柱与力量源泉。俗话说："柱弱而屋坏，辅弱而国倾。"如果理想和信念轻易地动摇或丢掉了，在行动上失去了正确的目标与方向，就会变得目光短浅，思想空泛。缺乏高尚的精神境界，人的格调就会降低。正确的东西没有占领内心，错误消极的东西便会乘虚而入。领导者倘若缺乏理想信念，就等于缺乏灵魂，迷失方向，迟早会出现难以解决的问题。诸多事实表明，理想的动摇是最危险的，信念的危机往往促发致命的危机。一旦信念这一精神支柱轰然倒塌，就会走向反面、走向犯罪乃至于灭亡。

理想信念，贵在高远。正因为周恩来总理有振兴中华的远大信念，"以人民的疾苦为忧，以世界的前途为念"，他才能在艰苦卓绝的岁月里"九死犹未悔"。庸俗狭隘的理想会限制人们的格局，而远大的理想则可以提升人们的眼界和气量。当人们有了高层次的目标时，就可以摆脱一些世俗烦恼的束缚，不会因为这些琐碎的东西而迷失方向，失去动力。

不畏浮云遮望跟，只缘身在最高层。

决心即力量，信念即成功

不要把目光都集中在那些成功人士的方法和技巧上，我们最应学习的，是他们那种坚定不移的决心。

若想在商界打拼一片属于自己的天地，计策很关键，然而，比计策更要紧的则是坚定不移的决心。套用尼采的一句话："一个有强烈决心的人将无所不能。"

当前，成功学界流行着这么一个观点，即成功来源于你想要，还是一定要。如果你只是想要，那么最终的结果可能是什么都得不到；如果是你一定要，那你就会想尽一切办法得到。

事业的发展不是一蹴而就的，它需要有着顽强必胜的信念，毫不松懈地坚持。这样的人决不会因为一次失败而打乱他一生的计划。通过失败，他们可以总结经验、吸取教训，然后养精蓄锐、从头再来。

这也正是一个合格领袖所必备的精神品质。每一个管理者，要想带领团队大展宏图，就必须要有决心，有韧性。而对于决心的培养，则要讲究以下方法。

1. 培养浓厚的兴趣

兴趣是最好的老师，兴趣是前进的动力。如果一个领导对某种事物、某项工作产生了巨大的兴趣，那么他就更容易具备不达目的不罢休的决心和意志，成功也便顺理成章了。正如诺贝尔奖获得者丁肇中说："我经常不分日夜地把自己关在实验室里，有人以为我很苦，其实这是我的兴趣，我感到

'其乐无穷'，自然有毅力干下去了。"

所以，无论做出怎样的决定，我们都要先问问自己："这件事我真的感兴趣吗？"只有肯定的回答，才能让你有决心坚持下去。

2. 衡量自己是否有决心

明确了目标之后，你要这样问自己：究竟是"想成功"，还是"一定要成功"？虽然"想"与"要"之间只是一字之差，但结果却是天壤之别。渴望成功的人多如牛毛，而真正成功者却凤毛麟角，其中很大一部分原因就取决于这点差别。因为"想"，是随意的、想当然的、盲目的和非现实的；而"要"则全然不同，它是明确的、有目的的和现实的。而"一定要"则是促使人前进的最强驱动力，在它的支配下，人们才会不顾任何艰难险阻，义无反顾，锲而不舍地前进。

3. 把决心融入生活的每个细节

人是一种充满惰性的动物，大多数人都具有习惯性放弃的心态。要想扭转这种心态，我们就要把决心融入生活的每个细节。例如，你可以在一张纸上写下自己的决心，字最好大一些，然后把它贴在显眼的地方。每天清晨，当你醒来第一眼看到它的时候，就大声说出你的决心；你也可以用录音机把你的决心录下来，每天反复地收听；此外，闲暇的时候，要不断地想象自己实现了目标的情景。这样，决心就会得到强化，让你难以产生放弃的想法。

总而言之，丢了决心，就等于断了前进的路。不下决心，我们很难从根本上改变习惯和心态；不去决战，我们很难做好充分的准备；不能取胜，我们就会失去职业尊严。所以，牢牢记住拿破仑的一句话吧："我成功，是因为我有决心，并且从不踌躇！"

时常来点"执迷不悟"

　　这里的"执迷不悟"不是我们传统意义上的固执、不觉醒，我们应该为它重新赋予一种新的解释。对于商业领袖们来说，它是一种不可或缺的精神，这种精神为他们成为优秀领导人提供了重要的保障。执迷不悟在商业界的另一种解释应该是执着自我，永不放弃，永不言败。如果没有这种执着的精神，就很难在今后的商业活动中取得辉煌的成就。

　　不管是企业家还是商业领袖，我们每个人对梦想的渴望和执着都是毋庸置疑的，有兴趣才能调动积极性，有好奇心才能积极而坚定地坚持下去，两者兼而有之并且付诸行动才可以成就光荣与梦想，解决那些难以解决的问题。

　　如果要说具有一代商业领袖精神的代表性人物，那就非苹果公司的天才联合创始人兼董事长史蒂夫·乔布斯莫属了。在史蒂夫·乔布斯只有 29 岁的时候，他在加州洛斯阿尔托斯车库里创办了公司，他仅用了短短 5 年就把这家公司的规模发展到了市值 10 亿美元的企业，公司也进入了世界财富 500 强，发展速度令人叹为观止。

　　史蒂夫·乔布斯对苹果公司有深远的影响，独特的操作系统、良好的用户体验以及完美的外观都是苹果公司引以为傲的特点。史蒂夫·乔布斯倔强而执着地追求完美，并且具有很高的创造性。"人格决定命运"，不同的人格体现影响着事业发展及成就。史蒂夫·乔布斯的执着体现在他对自己目标的实现上。他追求完美、他倔强而执着，这些都可以在他小的时候看到端倪。史蒂夫·乔布斯小的时候喜欢收集废弃的电子产品和一些小零件，执着地关注着电子产品，对电子产品着迷。在小学四年级的时候，他因为一位老师的鼓励而决定好好学习。为了成功跳级进入初中就学，努力地学习了一年，终于如愿以偿地进入初中，从此他更加肯定了自己的能力，他的专注和执着精神就像是与生俱来的一样。我们从他的童年生活里已能看到他这种倔强而执着的精神所散发出来的光芒，而这些精神在他以后的事业及家庭生活中都产生着重要的作用和影响。

这个当今世界最有创造才华的商业领袖，显示了他不同于一般人的秉性。史蒂夫·乔布斯了解自己，更会揣摩世人，他知道人们不会随便挥霍自己手中有限的钱财，但是他又明白人们倾心于自己所痴迷的产品。所以史蒂夫·乔布斯执着地认为，商业不是金钱，不是规模，而是不断创新。追求极致的史蒂夫·乔布斯完全沉醉于完美的设计当中，巨大的创造力被充分释放出来，当别人聚在一起设定标准的时候，史蒂夫·乔布斯则沉浸在自己的小世界，醉心研究创意。据说，史蒂夫·乔布斯特别注意细枝末节的设计，家里买洗衣机的时候他研究了整整两个星期，同家里人讨论它们的程序和性能，哪个更加简便实用，以他的话说"看到那么烦琐的设计，就会感到头疼，谁会去买那么麻烦的东西呢，谁看得懂或者说谁愿意花时间去研究那么烦琐的使用说明书呢"？他认为，应该给用户更加简洁方便、更加优美的程序设计。你能相信，史蒂夫·乔布斯为了买台洗衣机花费那么久吗？这就是他不同于常人的地方。为了能更加地了解产品，站在消费者立场上考虑问题，他从不同的领域接受着不同的知识，他也更加愿意去了解消费者想要什么、需要什么，他乐于接受建议，并且努力学习不同的风格，积极地完善产品。

据说史蒂夫·乔布斯在公司的时候一切以设计为先。开董事会议时，如果设计人员进入办公会，所有的人都要停下来听取他们的建议，他为设计开创了无与伦比的优势，这就是史蒂夫·乔布斯的执着之处。他认可的东西，不管别人认不认同，他都要尝试，哪怕前方阻力很大，也不能阻止他这颗"执迷不悟"的心。

史蒂夫·乔布斯相信优美设计的价值，同时必须从用户的角度考虑设计，史蒂夫·乔布斯的成功离不开三个因素：执着细节、极简、完美主义。

我们都喜欢优美的设计，史蒂夫·乔布斯认为必须从用户的角度开始考虑设计。史蒂夫·乔布斯寻找意大利汽车设计师，并且研究他们设计的汽车，研究它们的外观、结构、材料等。在 20 世纪 80 年代，这与其他硅谷企业主们风马牛不相及，但史蒂夫·乔布斯执着地认为，这可以让自己学到更多的东西，苹果公司并不只关注电脑，还关注怎么设计与营销新的产品，怎样在这个多元化的社会站稳脚跟。他总是从用户的角度来看待和考虑问题，考虑到用户体验以后会是什么情况。他还是一个执着于细节的人，他对每一个细节都要求精益求精，他是有计划地在关注和实施每一件事情——归根结底，他是一个近乎执着追求完美的完美主义者。

史蒂夫·乔布斯还是一个追求极致简单的人，他绝不能忍受烦琐的设计，他精益求精地研究着，要绝对地方便精简，他是一个优秀的设计师，按照自己的想法简化复杂的事物。

史蒂夫·乔布斯的执着还体现在他对细枝末节的关注，对产品的设计包括外观、系统设计、硬件和软件，还有应用的程序以及周边产品的必要细节，他坚持己见，坚持自己的创意方案、产品设计以及广告用语。史蒂夫·乔布斯创造了很多改变人们生活习惯的伟大产品，像苹果 Ⅰ 和苹果 Ⅱ、iPhone、iPod，这些都提升了人类的生活品质。

史蒂夫·乔布斯有自己的习惯，他不喜欢大的环境，他说自己无法记住 100 个以上的姓名，所以他只喜欢和相熟的人待在一起工作，他希望可以亲自参与任何事情，所以他希望自己的公司一直保持着小团队，希望员工不要太多，所以他希望员工的调动是有进也必然有出的那种状态。

史蒂夫·乔布斯很聪明也很自信，在当时他相信电脑最终会成为一种可以供普通人使用的电子产品。20 世纪 80 年代初期，电脑成为个人产品的这种想法是不被人们接受的，因为当时的电脑还是大型计算机，他们认为个人电脑不过是大型计算机的微缩产物，不值得研究开发。当时的 IBM 就是这么认为的。另外，当时已经有了早期的游戏机，大部分人觉得个人电脑和游戏机差不多，而且游戏机结构比较简单，也可以连在电视机上玩，而且更加方便，具有可操作性。但史蒂夫·乔布斯却有更加大胆的想法，他相信电脑会改变世界，电脑会改变人们的生活方式。不管别人怎么劝阻，他都要不断努力尝试，史蒂夫·乔布斯终将个人电脑打入了美国市场，电脑进入了美国家庭和企业。

正是因为这种执迷不悟的精神才造就了史蒂夫·乔布斯，所以说"执迷不悟"也是领袖一种不可或缺的精神。史蒂夫·乔布斯对世人的影响也是很深远的，他虽然走了，但他给世人留下了永不枯竭的创新精神。

第四章 胸怀之道——领袖要拥有开阔的胸襟

比大地宽阔的是海洋，比海洋宽阔的是天空，比天空宽阔的是人的胸怀。想成为领袖就要拥有宽广的胸怀，就必须虚怀若谷、胸怀大志，要站得比别人高，看得比别人远，什么事情都要冲在最前面，正所谓"火车跑得快，全靠车头带"，有了宽广的胸怀，才能实现创新发展的目标。

宽容使生命更有宽度

宽容是对他人的大度和谅解，是对自己的严格要求。特别是当有人指出领导者的缺点，提出不同意见时，作为领导者能否做到心平气和地聆听，经过理智的分析和思考后采纳合理建议，不报复他人、怨恨他人，是衡量领导者是否具备领袖气质的标准。

宽容很重要的一点就是要允许别人犯错和小的过失，要认识到世界上根本不存在十全十美的人，真诚谅解别人，然后宽容他。真诚的谅解，往往会使对方爆发出对你的极大友爱，使你获得真心支持你的朋友，甚至唤起失望者对人生的向往和留恋，促使犯错或犯罪的人改邪归正。

领导者真诚地宽容他人的过失，对不关痛痒的小节能以开阔的胸怀对待，这是领导者团结下属的上策。宽容有时不仅体现在真诚谅解他人的小过失上，有时还表现在原谅他人的重大失误上。

相反，领导者没有宽容之心，听不进他人的意见，一意孤行，甚至打击报复提意见的人，只会打消人们的积极性，失去别人的支持，有时甚至众叛亲离，事业最终毁于一旦，因此，领导者善于听反面意见是很重要的，俗话说"忠言逆耳利于行"就是这个道理。

宽容虽然是一种良好的心理素质，可并不容易达到，需要消除一些不当的心理观念以及一些错误的思维方式和做法，才能逐步养成良好的习惯，慢慢地形成对人的宽容态度。谅解别人的缺点、过失，倾听和采纳他人的意见，接纳自己团体内外的人们，这些都是宽容的做法。先要求领导者自己要去了解他人、了解自己，敢于直面自己的缺点和错误，积极地寻找他人的优点和特长，有时还需要领导者变换角度和角色去思考同一问题，站在原地不动，是不能发现问题的。

变换角度去观察同一问题、理解同一件事，所得出的结论、所体验到的心情及要采取的行动是截然不同的。这样做的结果是理解了他人的态度、想法、提法和做法，不再对他人愤愤然或进行责怪，自然而然宽待他人、容纳他人，双方能逐渐达成共识。这种宽容的心境氛围利于解决矛盾。领导者要做到宽容，需要消除心理偏见，杜绝嫉妒心的产生，以新的观念来看待问题，防止思想僵化。要做到宽容，还有很重要的一点，那就是不要有嫉妒心。领导者存有嫉妒心理，容不得别人比自己高明、比自己有能力、有智慧、有谋略，一心想把别人拉下马，看别人的笑话，唯恐别人胜过自己，这只能压制人才、摧毁人才，给工作带来不利。领导者的宽容精神，常能充分地把各种人的积极性调动起来，有利于工作的开展。

总之，企业领导者要有宽容精神，这既能体现其宽广的胸怀，有利于自身情绪的稳定，有利于身心健康，又能积极地发现人才、扶持人才和利用人才，便于与人团结，加快事业的发展。

《吕氏春秋》曾记载这样一个人物。晋平公要祁黄羊推荐南阳县令的人选，祁黄羊推荐自己的仇人解狐。这让晋平公觉得十分疑惑，以为他在搞什么新花样，便把祁黄羊召过来，责问其真实意图。祁黄羊回答道："国君，您只是问我谁可以担当这个职位，并不是问我的仇人是谁。"晋平公觉得他说的很有道理，便用了解狐当县令，举国上下都对这一任命表示称赞。不久后，晋平公又问祁黄羊谁可以担任太尉一职，祁黄羊这次推荐了自己的儿子祁午。晋平公一听，又觉得疑惑，认为他存有私心，立即询问他为何推荐自己的儿子？祁黄羊回答："您只是问我谁可以担任太尉一职，并不是问谁是我儿子。"晋平公很满意祁黄羊的回答，于是派祁午当了太尉，后来祁午果然成了能公正执法的好太尉。

孔子听说这两个故事后称赞说："好极了！祁黄羊推荐人才，对别人不计较私人仇怨，对自己不排斥亲生儿子，真是大公无私啊！"后来，就有了"大公无私"这个成语。

要想成为企业领袖，必须具有宽广的胸怀。胸怀宽广、雍容大度是中华民族的传统美德。有容乃大不仅是历代明君的治国策略，也是成功人士必须具备的基本素质。

泰山不让土壤，故能成其大

司马迁在《史记·李斯列传》中写道："泰山不让土壤，故能成其大；河海不择细流，故能就其深。"大致意思是说，要想成就辉煌就要有能够包容一切事物的度量。

人的度量千差万别，有的人豁达大度，"将军额上能跑马，宰相肚里能撑船"；有的人睚眦必报，锱铢必较，你打我一拳，我一定踢你一脚。

人非圣贤，谁能没有七情六欲，即使是讲究"跳出三界外，不在五行中"的佛门中人，也还常常念叨"出家人以慈悲为怀，善哉！善哉！"为的是时时提醒自己宽容大度，何况凡尘中人。

义青禅师尚未正式开示说法前，曾在法远禅师处求法。有一次，法远禅师听闻圆通禅师在邻县说法，便让义青禅师去圆通禅师那里求法。

义青禅师心里很不高兴，他认为圆通禅师并不比自己高明，又不愿忤逆法远禅师，便心不甘情不愿地去了。但到了圆通禅师那里，义青禅师从不参问，整日贪睡。

执事僧看不过去，就对圆通禅师说："堂中有个僧人总是白天睡觉，应当按法规处理了。"

圆通禅师一向只听执事僧讲听者的虔诚，这还是第一次听说有人在堂上睡觉，吃惊地问："是谁？"

执事僧说："义青上座。"

圆通禅师想了想，让执事僧不要再过问此事。

圆通禅师带着拄杖走进了僧堂，果然看到义青禅师正在睡觉。他敲击着义青禅师的禅床呵斥："我这里可没有闲饭给只会睡大觉的上座吃。"

义青禅师却似刚睡醒般，迷迷糊糊地问："和尚叫我干什么？"

圆通禅师便问："为什么不去参禅？"

义青禅师回答说："食物纵然美味，饱汉吃来不香。"

圆通禅师听出义青禅师话里的弦外之意，说："可是不赞成上座有很多人。"

义青禅师回答得理直气壮："等到赞成了，还有何用？"

圆通禅师听其言谈，知其来历一定不凡，就问："上座曾经见过什么人？"

义青禅师回答："法远禅师。"

圆通禅师笑道："难怪如此顽劣！"

随后，两人相视而笑，握手言和，再一同回到方丈室。从此，义青禅师声名远扬。

就是因为圆通禅师的容人雅量，才使法远禅师格外受敬重，并要求义青禅师前去听法。义青禅师在圆通禅师面前的傲慢，直接表露了自己对其的轻视。然而，圆通禅师大肚能容，对义青禅师的无礼一笑置之，不仅能够容忍他的傲慢之举，还肯承认他的价值，给予他应有的地位。试想，若是遇到别人，估计义青禅师免不了被扫地出门。

有容乃大，忍者无敌。很多时候一个人之所以能够受人尊敬、被人敬仰，不是因为他的能力有多高，相貌有多好，知识有多渊博，而是因为他有足够宽广的胸襟，能够容别人之不能容。这种大度之人，不会因为别人对自己的态度不够尊重，就简单地对他人进行否定。

一个人的思想水平、文化修养、脾气性格以及社会经历固然与度量的大小紧密相关，然而开阔胸襟的根本原因是远大的理想抱负和广博的境界。

境界可以后天修炼，度量也可以在后天改变，度量小的可能变得宽容大度，度量大的也可能变得小肚鸡肠。随着社会经历的丰富和生活环境、社会地位的变化，度量也在不断发生着变化。

西方近代天文学之父弟谷最初也不是一个宽容大度的人。他念书时，曾因为在一个数学问题上与一个同学发生了争执，最后鼻子在决斗中被对方的剑刃削掉。这次的遭遇使弟谷意识到度量狭小的危害，并决定改变自己处世的态度。后来，尽管开普勒对他存有误解，弟谷还是无私地援助了他研究天文。在弟谷的大度提携下，开普勒发现了行星运动的规律。

俗话说:"最大的是心,最小的也是心。"心小的人,容不得他人的成就和轻视;心大的人,懂得成就、包容他人。所以,成为企业领袖人物就要有海纳百川的雅量。

比天空更宽阔的是胸怀

宽容是一种博大的情怀,它能包容人世间的喜怒哀乐;宽容也是一种境界,它能使人生跃上新的台阶。"海纳百川,有容乃大。"有这样的度量,还有什么东西容不下呢?

十六国时后赵的创建者石勒出身卑微,家境贫寒,为人佣耕,还曾当过奴隶。后因天下大乱,为生活所迫而做了强盗。他以抢掠起家,在拥有了十万之众的军队后,便树立了图谋天下的志向。

石勒一字不识,但为人谦虚,善于采纳读书人的建议,对张宾等谋臣言听计从。张宾长于谋略,计不虚发,算无遗策,使只知猛冲猛杀的石勒学会了以智取胜。同时石勒性格豪爽、心胸宽广、宽容友好地对待部下,将士皆能归心,甘愿为他拼死效力,最终统一了北方。

在建立后赵、登上皇位之后,对昔日的仇敌,石勒同样做到了宽恕相待、为己所用。一次,他回到故乡,与乡亲们共餐对饮,聊到平生事迹不亦乐乎。以前石勒在家时,与李阳为邻,两人为了争夺麻田,经常互相殴打。饮酒时石勒没看见李阳,便问:"李阳乃是壮士,为什么不来?"又说:"为麻田起冲突是布衣百姓之间的争斗,我现在拥有天下,怎么会与百姓为仇呢?"随后石勒专门派人去请李阳,李阳到后,主动与他举杯共饮,石勒抚李阳的手臂笑着说:"我往日吃了你不少老拳,你也尝尽了我的毒手,那都是过去的事了，也算是我俩的交情啊。"随后，又任命李阳为参军都尉，并将一间住宅赏赐给他。

还有一次，参军樊坦生活十分清贫，石勒升他为章武内史，樊坦入宫辞谢，石勒见到他衣服破烂，非常吃惊，问道："樊参军为何清贫至此啊？"樊坦性格质朴，照实回答道："遭遇羯贼无道，所有的家产损失殆尽。"石勒笑道："羯贼如此暴掠，现在我应该予以补偿。"樊坦这才想起石勒正是羯族，羯族在后赵被称为国人，说羯人为羯贼是触犯律法的，因此大惊失色，立即五体投地求饶。石勒反而安慰他说："我的律法是为了提防那些无赖的俗人，与你这样的前辈老先生无关。"于是赏赐给樊坦车马和衣服，还有钱三百万。

为人君主者若能雅量待下，则天下必能归心，朝政必能日盛。对石勒来说，难能可贵的是手握生杀大权之后能够原谅原来的仇敌，更能容忍别人的无意冒犯。这样的人必能达到人生的顶峰。因此，作为一名领导者培养自己的容人雅量是非常重要的。

宋太宗时，为朝廷立下汗马功劳的孔守正官拜殿前都虞侯。一天，他和同为武将的王荣在北陪园侍奉太宗酒宴。

由于都是豪爽之人，两个人在酒宴上推杯换盏，大声谈论战场上的英雄之举。不一会儿，孔守正就喝得酩酊大醉，和王荣在皇帝面前争论起守边的功劳来。两个人越吵越气愤，脸红脖子粗，甚至忽略了在场的太宗，完全失去了下臣的礼节。侍臣奏请太宗将二人抓起来送去吏部治罪，太宗不同意，只是让人送二人回家。

第二天，二人酒醒后，一齐到大殿向太宗请罪，太宗说："朕也喝醉了，记不得有这些事。"二人感激涕零，发誓更加努力地坚守职位，誓死效命。百官也特别佩服感念太宗的宽容雅量。

身为天子，太宗面对两个大臣酒醉之后在自己面前争功的事情，必会有一些嫌恶，但是在他们醒后请罪之时托词说自己也醉了，既没有丢失朝廷的体面，又让孔守正他们有所警醒，岂不是两全其美吗？

作为君主，拥有四方，要驾驭群臣，没有过人的度量是不可能舒心，不可能成功的。作为领袖，没有这样的胸怀，无法使众心归一。

要有容人、容事的心态

测度一个人的事业成功，可以用宽恕、容忍的标准去衡量。一个人如果拥有宽容之心，就可以使近者悦、远者来，天下归心。因此，领袖要营造大格局、做成大事业，就必须有容人、容事、容物的心态。

1. 容人心态：人才之过，不求全责备

常言道："身边无伟人，枕边无美女。"世界上没有完美的人，走近了看，每个人都有这样那样的缺点，一些天才式人物往往会有一些臭脾气，性格放荡不羁，毛病有过之而无不及。

第二次世界大战初期，英国人最初不敢任用丘吉尔，因为丘吉尔是有名的"流氓作风"，闹事专家，但是最后抵抗希特勒，还是靠丘吉尔。

20世纪最伟大的科学家爱因斯坦，是一个高尚的人，一个有道德的人，一个纯粹的人，一个有益于人民的人，但不是"一个脱离了低级趣味的人"。

"水至清则无鱼，人至察则无徒。"卓越领导者对人才要有海纳百川般的胸怀，在不违背大的原则和基本底线的情况下，包容小的问题和缺点，不求全责备、吹毛求疵。电视剧《亮剑》曾经风靡一时，主人公李云龙是一个优点和缺点都十分突出的人，用他上司评价他的话说，就是立的功和惹的祸几乎一样多。试想一下，如果李云龙的领导没有容才之过，李云龙即使有天大

的本领，哪有立功杀敌的机会？

国内外不少一流企业都允许员工试错，甚至鼓励员工在工作中犯错误。这些企业认为，工作需要创新，没有创新的工作是乏味呆板、没有发展前途的。而创新正是来自试错，来自于不断挑战和尝试新的解决方法。一项新工作，如果你不试，就永远不知道结果，也就会失去创新发展的原动力。而在试错中所收获的，可能是其他方式所不可能得到的感悟与体验。

在海信集团，有一个众所周知的游戏规则：只要周厚健不认为你是错的，你就可以干。所以在他 PASS 你之前，你可以不断尝试。正是这种大胆试错的文化，铸造了海信集团创新发展的基因，成就了连续 10 年彩电市场占有率第一。

有"经营之神"美誉的松下幸之助就是容许甚至鼓励员工试错的领导，他曾经说过："不会犯错的员工不是好员工。"一个领导只有敢于承担员工试错的后果，鼓励员工积极探索，大胆试错，在试错中成长，才能培养出团队的中坚力量。

2. 容事心态：在小事上不要过于"精明"

在小事上不要过于"精明"。作为一个领导者，精明是一种财富。假如能针对不同的人，采取不同的领导技巧，那么这笔财富就算是用在了点子上；倘若过于苛责于人，挑鼻子挑眼，发现员工这也不好，那也不对，那么再精明的人也不能把工作做好。

在现实中，许多事情往往都坏在"计较"二字上。有些领导者大事糊涂，小事反而太精明。他们特别注重小事，斤斤计较，哪怕是芥蒂之疾，蝇屎之污，也要用显微镜去观察，用"放大尺"去丈量。他们对别人要求得过于严格甚至近乎于苛刻，希望自己所领导的组织一尘不染，事事随心，不允许有任何一件鸡毛蒜皮的小事不符合自己的设想。一旦发现这种问题，他们就怒气冲天，大动肝火，怨天尤人，摆出一副势不两立的架势。这类领导者太过"精明"，总觉得世界上，众人皆浊，唯己独清；众人皆醉，唯己独醒。最终却让自己变得愤世嫉俗、牢骚满腹、烦恼不断。

领导者要想做成一番大事业，就要不断地与人打交道，并赢取他们的支持与爱戴。每个人都有自己特有的个性、爱好以及生活方式。生长环境不同，所受教育程度不同，生活习惯也不一定一样，不可能所有人都保持同一个节拍，也不可能所有的事都遂了我们的心意。如果缺乏宽广的胸怀，那么用不了多久我们就可能成为孤家寡人。

自古以来，宽厚的品德、宽容的心态就为世人所称道，而过于"精明"，不仅会处处树敌，使自己举步维艰，还不利于自己的身心健康。所以，作为一名领导者，应该有宽容的气度。只有具备宽容的气度，才能处理好周围的人与事，才能团结众人的力量，最大限度地发挥人才的效能。

《菜根谭》上有这么一句话："人有顽固，要善化为诲，如忿而疾之，是以顽济顽。"意思就是说，对于别人的顽固行为，应当加以善意的开导，而不是愤怒或者针锋相对地斥责。试想一下，两块顽石相撞，又怎么可能撞出支持与合作？而上司与下属之间缺乏互相支持与合作，工作又该怎样开展？事业能有什么变化？

因此，身为领袖，就应该具备容忍世俗的气量与宽恕他人的雅量。对于那些事关重大、原则性的是非问题，当然应该精明一些、认真一些；但对于那些无关大局、细枝末节的小事，则不应该过于认真，这样才能成为一个做成大事的领袖。

心胸有多大，带的队伍就有多大

心胸有多大，带的队伍就有多大。一个队伍是否有持续的激情、耐心和坚毅的精神，是否充满正能量和团结向上，甚至成功与否都取决于领导者的心胸是否宽广。古往今来的很多帝王就是靠着宽阔的心胸来打天下，刘邦就是一例。

刘邦开创的大汉王朝，前后历时 400 余年，是中国历史上最长的封建王朝，大汉盛世也成了中国历史上最伟大的汉唐盛世之一，刘邦作为其肇基者，其伟大历史功绩也得到了后世的称颂与景仰。

刘邦能够扫平群雄的原因，可以列举很多。其中，他个人所具有的独特素质，不能不说是一个重要原因。后人评论刘邦，称道他豁达大度。司马迁作《史记·高祖本纪》，称刘邦"仁而爱人，喜施，意豁如也。常有大度，不事家人生产作业"。晋潘安仁（岳）作《西征赋》，则进一步说："观夫汉高之兴也，非徒聪明神武，豁达大度而已也"，载于萧统《文选》。自潘安仁《西征赋》始，人们便往往用"豁达大度"来称颂刘邦。

下面就列举个小事例来说明这一点。

刘邦平定天下当上皇帝之后，自然要论功行赏，赐封曾经为他的江山流血流汗的功臣。张良没有参加过具体的战斗，所以没有具体的功绩可摆，但是刘邦自有处理方法。

刘邦当着群臣之面对张良说："运筹帷幄之中，决胜千里之外，这就是子房先生的功劳，你自己选择齐地三万户作为封地。"

张良说："我在下邳开始跟着皇上，这是上天的安排。皇上使用我的计谋，幸得有时奏效，我只希望得到陈留就足够了，不敢受三万户的重赏。"
刘邦因此封张良为留侯。

战争是激烈的，而战后的评功受赏常常更加激烈。真是"男儿有泪不轻弹，只因未至分封时"。此时刘邦的下属正是处于这种情况下。

刘邦大封功臣，只封了20余人，其余之人日夜争功不绝，刘邦没法进行封赏，只得暂时停下来。

刘邦与张良在洛阳南宫闲坐，从复道看见各位将领东一堆西一堆地坐在沙地上议论纷纷。

刘邦问张良："这些人在谈论些什么？"

张良说："皇上不知道吗？他们是准备谋反！"

刘邦震惊地说："天下刚刚安宁，凭什么要造反呢？"

张良说："皇上从一个平民百姓开始，带着这些人最终夺取了天下，如今皇上贵为天子，但是获封受赏的人都是萧何、曹参等故人，而诛杀的都是皇上平生所痛恨的人。如今计功封赏，大家都认为天下不够封赏。这些人害怕皇上不能尽封，又恐怕被怀疑或追究过去的不是之处，所以聚在一起准备谋反。"

刘邦立即忧心忡忡，忙问张良："该怎么办呢？"

张良说："皇上平日最痛恨，并且文武群臣都知道的人是哪一个？"

刘邦说："我一直最痛恨雍齿。这人虽然是我的同乡，但是起事之初，我叫他守丰城，他叛变投了魏国；彭城之败，他率兵穷追不舍，我差点被他抓住……我早就准备杀了他。但是他后来立了不少战功，所以不忍杀他。"

张良说："现在赶紧加封雍齿，让群臣都知道这件事。大家看见雍齿被封赏，必然个个都认为雍齿这样的人都得到了封赏，何况他们自己呢？"

刘邦立即下令摆设酒宴，加封雍齿为什方侯；暗中下令丞相、御史加紧计功，以便进行封赏。

群臣喝足吃饱，互相传言："雍齿都得到封侯之赏，我们还忧虑什么呢？"

群臣是否真要谋反，不能妄下断语。但是张良抓住这样一个机会，劝告刘邦不要尽封亲信，以免失去人心。为了安定人心，张良献了一条"择劣封赏"之计，妙不可言，千古流传。

张良足智多谋，淡泊明志，不钻营，不恋官，一辈子光辉灿烂，平平安安，不愧为"千古帝师"。但这样一个聪明绝顶的人，为什么会投到刘邦旗下，为他卖命呢？这就是刘邦的过人之处了。谋臣最希望的未必是功名，如果能有人欣赏他们，信任他们，并对他们言听计从，那么即使这人实力再弱，他们也愿意追随，所谓"士为知己者死"，就是这个道理。刘邦海纳百川，对张良言听计从，倍加信任，这才使得张良的计谋有了施展的地方。从这一点就可以看出，刘邦具备了一个领袖的基本素质——心胸宽阔。

综上所述，心胸有多大，队伍就有多大。领导者要想成为伟大的领袖，就要扩大自己的心胸。

宽容大度，让下属保住面子

每个人都希望得到别人的尊重，都希望别人能多给自己面子，下属也不例外，他们也会非常在意自己的面子，也会渴望得到荣誉。作为领导应当善于包容他们的过失，懂得为下属留面子。你懂得给下属留面子，下属就会为之所动，就会有所回报。

生活中，我们常常会听到"给我一个面子"、"看在我的面子上"等诸如此类的话，在某种程度上，对于人们来说，面子胜过一切。我们所付出的一切努力可以说都是为了面子。你若不给别人留面子，别人也就不会顾及你的面子。

《左传》中记载了这样一则故事：

一天，郑国的大夫子公和子家一同上早朝的时候，子公的食指突然毫无缘由地颤动了起来。子公对子家说："以前我的食指颤动时，预示着有好东西可尝，看来今天又会有好吃的了。"

二人入朝后，果然看到郑灵公煮龟犒赏大臣，于是相互对望，禁不住哈哈大笑。

郑灵公见状，问为什么发笑，子家于是把子公的话告诉了郑灵公。

龟汤煮好后，郑灵公故意想让子公在大家面前丢面子，于是他给每人都分了一份龟汤，却偏偏没有给子公。

如此大丢面子，子公感到非常生气，于是他不顾一切地从鼎中捞起一块龟肉，边吃边走出去了。

郑灵公见状大怒，想杀子公但又忍住了。

可郑灵公万万没想到，不久之后，自己却死在了子公的手下。

俗语说："树有皮，人有脸。"学会为别人留面子、保护别人的面子，是人际交往中的一条重要原则。可以说，你每给一个人留面子，就可能多交一个朋友；你每损害一个人的面子，就可能为自己增加一个敌人。

每个人都希望得到别人的尊重，都希望别人能多给自己面子，下属也非常在意自己的面子，也会渴望得到荣誉。作为领导，更要知道面子的重要性。如果你一时激动，控制不了自己的情绪和脾气，不分场合地肆意发泄自己的情绪，对下属怒喝或破口大骂，那么，你的气是出了，心里痛快了，但你的下属却会因此感到没面子，会对你怀恨在心，你也就失去了下属对你的尊重，甚至威信尽失。你建立的是威而不是信，表面上下属会听你的，但背地里可能是另一番景象，这样的管理是失败的。

曾有一个下属这样说："老板少给我钱可以，但不能不给我面子。我能接受上司的批评，前提是上司一定要给我面子，不能在大庭广众之下或众目睽睽之下骂我、批评我，那样是很丢面子的事。"每个人都有自尊心，即使下属犯了错误，也不能随心所欲地数落他们。要知道，从人格上来说，每个人都是平等的，你若不能顾及下属的自尊，把他们逼急了，他们不仅会反过来刺伤你的自尊，还会对你产生排斥心理，不再听从你的命令和指挥，甚至影响整个团队的合作。

人非圣贤，孰能无过？下属出现失误或错误是不可避免的，作为领导应当善于包容他们的过失，懂得为下属留面子。你懂得给下属留面子，下属就会为之所动，更会有所回报。

《说苑》中有这样一个故事：

一日夜晚，楚庄王设宴犒劳群臣，并请后宫美人出来劝酒。在众人酒酣耳热之际，一阵风将烛灯吹灭了，有人便趁机拉美人的衣服，美人迅速将那人的帽缨扯掉，并央求楚庄王赶快点灯。

楚庄王却说："今日大家与我饮酒，把帽缨脱掉才痛快。"

于是，当大家都把帽缨拿下来后，楚庄王才又重燃烛灯，最后众人尽欢而散。

后来，楚国与晋国开战，有一名楚将奋勇杀敌，为楚国立了大功。楚庄王问他姓名，他说："我就是那晚被美人扯掉帽缨的人。"

管理者懂得给犯错的下属留情面，换回的很可能是下属的拼命相报。相反，倘若管理者将下属的过失完全表露在大家面前，让下属丢尽颜面，除了会使气氛变得异常尴尬，再加上损失一名成员之外，起不到任何积极作用。

需要注意的是，这里所说的留面子并不是不讲原则的纵容。这里说的留点面子，而是指对有过失的下属点到为止，促其自省，给其改过的机会。

此外，当下属做出成绩时，管理者更要舍得给下属面子。这对下属来说是一种鼓励,能够使其更加努力地工作。

《三国志》记载:

鲁肃为孙权取得了赤壁之战的胜利,归来后,孙权召集群臣,为鲁肃举行了盛大的欢迎仪式,并亲自下马迎接鲁肃。

孙权问鲁肃:"我这样恭敬地对待你,给足你面子了吧?"

鲁肃回答:"不!"

在场的众人都感到十分惊愕,鲁肃却正色道:"我希望主公统一天下,然后再拜我当官,这才是给足了我面子呀!"

孙权听后抚掌大笑道:"因我给足了你的面子,你这是攒足了劲儿要回馈给我一个君临天下的大面子啊!"

一个好领导不仅懂得给下属留面子,还会保护下属的尊严使其不受伤害,在日常工作中会顾全下属的面子。

此外,当你与下属发生冲突时,为了劝服下属,最好采取单独面谈的交流方式,并可以这样说:"我完全理解你的想法,因为一开始我也是这样想的,那时候我还不了解事情的具体情况,但后来当我了解到全部情况后,我就知道你我都错了。"

这样说不仅不会伤害下属的自尊,还能使其体面地改变先前的立场,并信服你说的话,甚至对你心存感激。

"亲民"、"爱民",少摆架子

每一个管理者都常常会不经意地感受到一种"高处不胜寒"的孤独,这种孤独感,固然可以显出你的高贵和不可侵犯,但是对于一个团队来说却是非常有害的。管理者要想做好管理，与下属像朋友一样交流，必须放下你管理者的架子，给他们勇气，让他们愿意主动地接近你。

"哎呀！真受不了我们经理，一个芝麻大点的官，架子倒摆得不小。切，他越是这个德行，我们就越懒得理他，越想和他对着干。"

"我们单位的领导讲起话来怎么那个样子，拿腔拿调的，真让人受不了。"

"我们部门的主管讲起话来老是装腔作势的，不把人放在眼里。自己都没多大本事，凭什么瞧不起人啊？"

……

相信在现实生活中，我们经常听到类似上面的议论。之所以会出现这么多目中无人、爱摆架子的领导，是因为在很多人的内心深处，仍旧存在极其强烈的"官本位"思想，有这种思想的人都坚守"官大一级压死人"的信条，认为自己的职位比别人高，就可以肆无忌惮地管理别人，自己说什么别人就得听什么，就可以目空一切，在别人面前摆架子。

殊不知，作为一位领导，过分以自我为中心、无视他人的存在、严重脱离下属，是不可能在现代职场中站稳脚跟的。而一位受下属拥戴的领导，其品格往往能赢得下属发自内心的赞赏，他所管理的团队也会有较强的向心力和凝聚力。

如果朋友们想在大浪淘沙的职场成为"香饽饽"，当一名受下属拥戴的领导，就要在成功塑造自我品格的同时，做到面对下属，不摆架子，树立自己的"亲民"形象。

张雅勤因为工作业绩突出被晋升为分公司总经理，在上任的欢迎酒会上，张雅勤既不喝酒又不善辞令，与下属们几乎没什么交流。

因此，下属们都认为这位新领导高傲不易相处，爱摆官架子。想到这里，大家心里不免打起鼓来，觉得以后的日子会很不好过。

张雅勤正式上任后，下属们都对他敬而远之，在工作上也不是很配合这位新领导，这直接导致张雅勤的工作陷入孤立被动的境地。

元旦时，公司举办了一场元旦晚会。在晚会上，张雅勤出乎意料地献唱了一首歌，赢得了满堂喝彩，张雅勤这一举动迅速拉近了与下属的距离。不仅如此，张雅勤还主动与下属们讨论回家过年的事情。

在热烈的讨论中，有一位下属突然对张雅勤说："张总，平常看你总板着个脸，一副不苟言笑的样子，还以为你是一个爱摆官架子的人呢，现在才发现，原来你挺温和、挺平易近人的嘛。"

张雅勤听了下属的话后，这才恍然大悟，意识到自己这几个月来工作进展如此艰难的原因所在。

从那以后，张雅勤在工作中非常注意自己的言行举止。与下属见面也不再面无表情，而是微笑着主动与他们打招呼。慢慢地，下属们都看到了这位新领导温和体贴的一面，其往日的官架子形象也已荡然无存。因此，下属与张雅勤的交流也多了起来，工作上也开始积极配合他，张雅勤的工作开展得也越来越顺利。

此后不久，张雅勤又组织成立了一个业余文化活动中心，经常召集下属一起打球、唱歌、做娱乐活动等。这为张雅勤赢得了更多的"民心"，下属都乐于和他亲近，有事都喜欢跟他谈谈。至此，张雅勤完成了从过去"高高在上"的形象到后来亲民形象的华丽转身。

在张雅勤的管理领导下，分公司的业绩蒸蒸日上，因此，张雅勤也被提拔为总公司的总监。升为总监后，张雅勤继续贯彻自己的"亲民政策"。

在年底的酒会上，为了让大家释放压力，玩得更尽兴，主持人临时想出了一个恶作剧环节，就是在某个员工不防备的情况下将其抛到游泳池中去。

董事长同意主持人的提议，并征询张雅勤的意见。张雅勤听后，并没有立即做出回应，而是转过身对员工说："主持人太坏了，竟然让我这个名副其实的旱鸭子下游泳池游泳，真是……"话还没完，张雅勤就假装脚下一滑跌进了游泳池，引来在场员工哈哈大笑。

事后，董事长问起张雅勤："你完全可以找一个下属去表演，为什么非得自己这样做呢？"张雅勤笑着回答道："如果捉弄下属，而自己却高高在上，摆出一副官架子，那会让下属很不是滋味，也会让自己失去民心。"张雅勤的话让董事长很有感触，也明白了体恤下属的重要性。

从张雅勤的经历中，我们不难看出，那些高高在上、爱摆官架子的领导往往得不到下属的尊敬和拥戴，相反，那些面对下属温和、不摆架子的领导，却往往能得到下属的拥护和支持。

的确，一位优秀的领导，绝对不是靠着高职位来压人，更不是倚仗手中的权力来管人，而是凭借自身所拥有的魅力去吸引下属，让下属主动向自己靠过来，发自内心地服从自己的领导。

一位出色的领袖必须具备独特的个人魅力（温和不摆架子只是其中一方面），缺少这一点，便很难让自己的下属心服口服。

因此，想要成为一位有口皆碑的好领导，就应该先提高自身素质，为自己的下属创造一个良好的工作环境，这样才能吸引有所作为的下属跟随自己共同奋斗。

那么，要想成为一名出色的领袖，应该如何提高自身的魅力呢？

1. 有全局观，能从大局出发

作为领导，如果在工作中总是只考虑自己的利益，鼠目寸光，那就不可能得到团体的认可，更不可能在下属心目中树立权威。

所以，要想成为一名出色的人人爱戴的领导，就要着眼于大局，学会设身处地地为下属着想，这样才能得到下属的信任和认可。

2. 努力学习，提升自身的能力

有这样一句话："一只绵羊带领一群狮子，敌不过一头狮子带领的一群绵羊。"从这句话中，我们可以看出，一个管理者对于一个团队组织的影响是非常重要的。如果只是温和不摆架子，却没有能力，那也不可能赢得下属的信服，更不可能在下属心目中树立权威。

其实，领导的自身素质直接影响下属的积极性，影响公司的发展。所以，身为领导的朋友们必须重视提高自身的素质，努力提高自己的专业知识，提升自身的实力，只有这样才能赢得下属的信服，取得下属的信任和拥戴。

3. 拥有一颗大度包容的心

任何一位领导，都要面对能否容人的问题。在实际工作中，领导们应该在用人方面更有雅量，因为用人的时候，不是看谁跟你有过节，谁跟你关系最好，而是看谁最有能力，谁是你最需要的人才。

总而言之，身为领导者，不能在考虑问题时把自己的身份代入进去。如果根据自己的职务来看问题，就会少了客观性，多了盲目性。这样考虑问题就不周全，处理问题就会产生误差，脱离实际，造成损失。所以，想成为优秀的领袖，还是少摆架子为好。

学会双赢，别恨你的对手

对于一个领袖来说，对手并不是敌人，而是息息相关的朋友。现代社会信息高速发展，没有永远的敌人，更没有永远的朋友，有的只是永远的利益。

　　作为一个企业领导者，我们应该感激对手，正是在相互竞争中我们才得以成长。在企业的发展中，我们不仅要懂得竞争，更要懂得合作，只有合作才能实现共赢，赢得我们永远的利益。

　　商海中，我们可能有很多竞争对手，处理好与竞争对手之间的关系是非常重要的。很多人初来乍到，对于唾手可得的利益被对手抢了去会恨得牙痒痒，但是，失败之后，我们光抱怨是不够的，还必须看到对手和我们相比存在哪些方面的优势。做企业和做人是一样的，我们必须学着取他人之长补自己之短，才能够在竞争日益激烈的市场中立于不败之地。

　　竞争是市场经济与生俱来的本性，因为有了竞争，企业才有了自身向前发展的动力。所以在市场经济体制下，打败对手并不是唯一的胜利方式，实现共赢才能实现更长远的发展。曾经有位管理者这样说过："市场上，对手就是帮手。"所以处理好与竞争对手之间的关系对于一个企业来说是非常重要的。

　　实际上，很多大公司的领导都非常敬重他们的对手，愿意和对手合作，实现资源的共享。伍健贤作为美标卫浴亚太区总裁，非常敬重自己的竞争对手"立邦漆"，他认为，"它是个好公司。不过，我们希望自己能够经过一段时间后，成为中国高端油漆的领导者。市场竞争在所难免，但根本用不着厮杀，因为这个市场这么大，大家完全可以共容。"美国福特公司的销售曾经落后于日本和欧洲的汽车销售商，但其并不是通过与对手竞争取胜的，而是转过头来研究自己的弱势和对方的优势，研究对方汽车的特点，并将这些特点搜集整理起来，对自己所造的汽车进行改进。所以当新款汽车出来以后，福特汽车公司可以很自豪地告诉客户，他们自己生产的产品不仅拥有自己的品牌特色，而且还拥有比竞争对手所产汽车更好的性能。

　　企业老总，作为一个企业的高层，一个行业的精英，在面对商业竞争时，肯定先以自己本公司的利益为重。所以很多人在与竞争对手面对同一个项目的时候，大都想要扳倒对手，成功地拿到项目，实现自身权利的最大化。

　　这时候，一定要学会博弈，不能有任何急功近利的思想。我们不能想，要扳倒他我该怎么做？而要想我是他的话，怎样扳倒对手？俗话说，知己知彼方能百战不殆。商场如战场，作为高层领袖，你一个稍不留神，损失的是整个公司和所有信任你的员工的利益。只有出其不意，才能快速制胜。所以，企业领袖应该学会站在对手的立场，思考对手的出牌套路，出其不意才能快速制胜。

　　同时，在很多时候，由于技术或者其他方面的原因，可能我们本身有着很好的创意或者想法，但是在实施的过程中能力又不够，所以把自己的竞争对手当作伙伴。资源是共享的，合作才能实现共赢。这样，在合作中我们既了解到了自身的不足，同时也吸收了竞争对手的优点，学会借鉴，学会学习，才能在商战中立于不败之地。

　　美标卫浴亚太区总裁伍健贤对待对手的态度就是把竞争对手当成朋友。伍建贤曾经在飞利浦照明工作的那几年也是他自己引以为傲的几年。

　　当伍建贤还是飞利浦亚太区市场部总监的时候，老板突然告诉他，要提拔他做总经理。当时的伍建贤是非常高兴的。因为他自己离开美国时立志要做总经理。可是老板并没有将伍建贤放在一个市场环境相对比较好的地方，而是让他去做澳大利亚地区的总经理。当伍建贤接到聘书的时候，手都开始抖了，因为澳大利亚地区的销售业绩不是特别好。老板看出了他的心思，笑着说道："伍建贤，是不是不想去啊，机会多难得啊。虽然澳大利亚已经亏损了15年，但是你要是去的话，即使亏也不会亏到哪去的。"有了老板的这句话，伍建贤心里想：既然如此，那我还是去感受一下那里的日光浴和海滩吧。

　　就这样，伍建贤来到了风光旖旎的澳大利亚。但是这里的一切却让他再也笑不出来了。从账面上看，公司的亏损是十分严重的。经过研究，他发现，出现亏损的原因并不是公司产品和价格存在问题，而是销售渠道根本就没有打开。这时候的伍建贤意识到了一个问题，飞利浦是没有能力占领澳大利亚所有市场的。这是因为澳大利亚地广人稀，当地住宅区极其分散，如果不能全部撒网的话，是不可能赚钱的。

想到这里，伍建贤做出了一个在别人看来非常傻的决定，他把竞争对手叫到公司，跟自己的竞争对手一起研究市场开拓，并且将自己公司的产品放到了别的公司的渠道，这样分销网络、物流系统等都由竞争对手来做，自己所要做的只是做好自己的品牌而已。经过一年的发展，公司开始扭亏为盈，很多人都觉得不可思议。

伍建贤认为，在商场上是没有敌人的，只是大家总是想象着对方如何残酷和不人道，所以总是将自己的竞争对手假想为敌人。其实究其原因，最根本的还是没有放开。

作为一个企业领导者，只有对内对外都拥有有容乃大的胸怀，才能对内留住人才，对外处理好与客户和竞争对手的关系。胸怀是一个度量的问题。能够成就大事业的领袖自然能够容纳别人，与对手共同竞争，在公平的环境中实现自我。

改革开放以后，我国企业如雨后春笋般崛起，涌现了一批顶着光环的企业家，但是失败者也为数不少。究其原因，就是因为在企业发展中，作为创业者或者企业领袖本人的素质限制了企业的发展。很多企业家小富即安，在企业发展的过程中很难容纳他人，导致企业很难适应未来的发展。

想成为一名优秀的领袖，就要常常看到竞争对手的长处。学会取他人之长来补自己之短才是最重要的。对待竞争对手，要学会敬重，学会合作，学会相互学习，学会共同发展。市场的潜力是非常巨大的，单靠一个企业是无法主宰市场的，当然这也不符合市场发展规律。要在竞争中成长，就必须学会宽容，学会借鉴。如果在与对手的竞争中失败了，那么学着去吸收对手的长处，同时也要想方设法找到自己的不足，为下次的战斗做好准备。

千万不要去记恨你的对手，那样无异于自掘坟墓。

第五章　责任之道——领袖要拥有勇于承担的精神

大到一个民族、国家，小到企业、家庭都需要能担当重任的人，来号召和团结其他人为共同的目标而奋斗，他们就是领袖。而这些承担重任的人往往是现实社会中的成功者，他们有独特迷人的魅力，有一呼百应的号召力，还有更加神奇的影响力。

"揽过"是一种大境界

一个人敢于揽过、敢于负责以及顾全大局，是一个人良好个人修养和境界的体现。一个想成就一番大事的人，必须要在周围人的心中树立良好的形象，只有这样才能树立权威，让别人从内心真正地服从你。因此，一个智慧的领袖，在懂得施威之外，还必须巧妙地对下属施以仁爱，做到推功揽过，做下属的挡箭牌。

在职场中，犯错受罚当属正常。正是由于这个原因，很多员工在工作的时候处于一种战战兢兢、如履薄冰的心理状态。

如果他们有一个读懂下属心理的好领导，在他们办事不得力的时候能够站出来，替他们承担责任，做他们的挡箭牌，那么，他们自然会以更为踏实的心态、更出色的表现投入工作，而且还会对领导报之以感激、信任和敬佩，从而不辜负领导的一片良苦用心。

我们先来看一个历史上的相关案例：

汉朝，有一年一伙匈奴人来投降汉朝，当时执政的明帝甚为欢喜，就给尚书仆射钟离意下达命令，让他准备一些绢绸赏给前来的使者。钟离意奉命照办，将赏赐绢绸的数量拟定好之后，交给手下一个很得力的郎官去办理。

可是，那个郎官心里却开了小差，他想："既然人家有意降服于大汉，那我们应该多赏赐一点，那样方能显示我们大汉天子的仁爱之心。"想到这儿，郎官就擅自做主，多给了匈奴人一些绢绸。

随后，这件事传到了明帝耳朵里，明帝非但没有因此而夸赞这个郎官，反而大发雷霆，下令要对那个自作主张的郎官用酷刑。而此时，钟离意却想到，自己是这件事情的负责人，该承担责任的应该是自己，于是他匆匆觐见皇上，叩头请罪说："人人都难免犯错。这件事本该由我负责，郎官的任务是我委派的，现在出了问题，论罪过也该由我一人承担。郎官做事我一向信得过，他尽职尽责，对国家更是忠心不二，这次犯错也是出于一片好心，想让匈奴感受到大汉天子对他们的仁爱之心。虽然有不当之处，还请皇上从轻发落。请皇上明断！"说完，钟离意就脱下了衣服准备接受惩罚。

见此情景，明帝深为感叹：钟离意这般勇敢，对自己手下人爱护有加，真是好头领啊！想到此，明帝心中怨气消了大半。不仅宽恕了钟离意，也饶恕了那位郎官。那位擅作主张的郎官在受到钟离意如此袒护后，以后做事加倍小心，再没出过纰漏。

如若领导能为部下揽过，显然是为部下撑起了"保护伞"。管理者在必要的时候的确需要这样做，这样一来，下属一定会感恩戴德，全心全意效忠于领导。

此外，领导能够主动揽过，还将有助于同下属之间形成相互信任、相互关心、相互谅解、相互支持、配合默契的心理环境，从而给下属以信心、鼓励和宽慰，使其放下思想包袱，敢于放开手脚开展工作，与自己进退一致，为团队的发展建设形成良好的氛围。

当然，有时候难免会有冷枪，正所谓"明枪易躲，暗箭难防"。很多时候，下属用心工作，却遭小人攻击；下属表现得出色，却引来旁人的嫉妒；下属办事时触动了某些人的利益得罪了别人，遭别人伺机报复……这些情况常常能让一个原本干劲十足、能力出色的下属难以忍受，以至于对人、对事、对团队、对自己失去信心。

而英明的领导这时就要拔刀相助，为下属撑腰，铲除下属前进路上的障碍，给下属一个宽松的工作环境。

李健在一家企业担任秘书，由于他精明干练，勤恳卖力，不但在企业上上下下打点周到，就连其他一些关系单位也在李健的活动下与他们企业交往甚密。

总经理看在眼里，喜在心上，李健是不可多得之才，自己得好好犒劳犒劳他。不到两年，领导几次破格提拔李健，就这样，李健在公司里大红大紫起来。

然而，好景不长，公司里开始传出不利于李健的各种谣言，有人说他是总经理的亲戚，也有人说他利用公司为自己拉关系，还有人抱怨给他升职加薪不公。

俗话说："天下没有不透风的墙。"李健本人也听到了这些谣言，他担心谣言再起，就偃旗息鼓，尽量少出风头，士气自然也有所下降，工作效率也大不如前了。

谣言同样也传到了总经理的耳朵里，于是他明察暗访，得知有人从中作梗，便找出了刺儿头，在大会上严厉批评，并为李健平反，立下"再有无故生事者，立即解雇"的规定。

这样一来，李健又回到从前的状态，公司也又有了活力。而公司中其他像李健这样努力工作的人，看到领导能够为下属做主，心里也都有了底，做起事来也更加安心了。

如果领导不敢站出来为下属撑腰，那么必将失去下属的信任，更不利于团队的建设和发展。上面案例中的这位总经理显然是英明之人，在下属遭遇困境时，他能够站出来为下属撑腰，扫除其工作中的障碍，想不赢得人心恐怕都难了。相反，那些愚笨的领导在这种时候，可能不闻不问，或者干脆推个干净，让下属自己的事自己解决。若遇到这样的领导，想必是每个下属的悲哀了吧。

古语说："责人重而责己轻，弗与同谋共事；功归人而过归己，尽堪救患扶灾。"在错综复杂的社会，谁也不能保证永远不会发生失误。领导们要以身作则，做好表率，对工作推功揽过，勇于负责，对下属的失误容忍宽待。

当然，我们所提倡的推功揽过，并不是号召大家要一味迁就和照顾下属。而是要在坚持原则的前提下，本着有利于团队建设，有利于调动下属积极性和创造性的原则，对下属的付出给予尊重，为下属开展工作创造优良环境，激发他们更大更强的工作动力。只有内部搞好团结、上下齐心，才能够攻坚克难，为团队建设带来生机与活力。

有足够的勇气去承认和改正错误

作为领导者，犯了错误就承认，不挖空心思编织花言巧语为自己开脱，而是义无反顾、积极主动地去面对自己的责任。

工作并不是一帆风顺的，也会有不少失败和挫折。所以，办事之前要先做好失败的准备，这并非是放弃对成功的追求和向往，而是让我们放松一下心情，保持平静的心态，不论得失都能坦然面对。

领导犯了错误之后，绝对不要采取下面的行动：

（1）说谎或否认，掩饰自己的错误。说谎的人总是说："我没做那件事"、"不，不，不，那不是我干的"、"我不知道这是怎么一回事"、"我发誓……"之类的话。还有一类人犯了错误后，习惯说："噢，这没什么大不了的，情况会好起来的"、"出错了吗？哪里出错了"、"不要着急，事情会如你所愿的"。

（2）指责他人，竭力为自己开脱责任。这类人犯错后通常会说："这是你的错，不是我的错"、"如果我妻子花钱不大手大脚的话，我就不会沦落到如此地步"、"如果没有孩子拖累的话，我早就成为千万富翁了"。

（3）半途而废。半途而废的人常常说的话是："我很早以前就告诉过你那样做不管用"或者"这件事太难了，根本不值得我花费这么多的精力，还是换个简单的吧"、"瞧，我都做了些什么呀？我再也不想自找麻烦了"。

得来不易的东西，人们总是加倍珍惜；唾手可得的奖品，拿到了也不感觉稀奇；事物的价值多少，决定于你所下的功夫与代价。古人常说："好事多磨。"所以，不要害怕，正因为好事多磨，你才会珍惜那份真心的"好"！

作为一个领导，只有勇于承担责任，才能够最快地发现自己的错误并最快修正，而一个不断逃避责任的人会在自己的人生道路上越走越偏，距离自己的目标越来越远。

著名戴尔公司的老板迈克·戴尔就是一位勇于承担责任、能主动承担错误的领导。

自 2001 年，戴尔公司就开始推动年度总评计划的实施。所有戴尔员工都可以向他的上级或部门经理乃至于迈克·戴尔本人提出真诚的意见，指出他们的不足之处。第一次员工总评过后，迈克·戴尔获得的评价是"过于冷淡"。对此，戴尔本人当着公司众多员工的面承认了自己的错误："我本人太腼腆，显得有些冷淡，让人感觉不可接近，这是我的失误。在这里我向大家做出承诺，在以后的日子里，我会尽自己的最大努力，改善与你们的关系。"

这件事情后来被记者报道说："戴尔先生，你不担心员工提出的问题是你压根不存在的吗？"迈克·戴尔微笑着回答说："戴尔公司最重要的一条准则是有强烈的责任感。我们不需要太多的借口，只要拥有高度的责任感就可以，在戴尔公司你绝对不会听到各种推诿之词。"

这段戴尔本人的公开表态，在戴尔公司内部引起了巨大反响，大家都认为："公司的老总这么勇于承担'莫须有'的责任，那么我们还有什么理由不向他学习呢？"因而，"承担责任，不找借口"的风气迅速在戴尔公司内部形成，这也是戴尔公司在市场上拥有强大竞争力的原因之一。

作为领导者，能否勇敢地主动承担责任，关系到一个领袖的品格与威望。主动承担责任的领袖，往往能够让人们看到他那高风亮节与光明磊落的性情，让下属更加崇拜与敬佩，威望不仅丝毫不减，反而会大大提升。

一个优秀的领袖，是一个敢于承担错误的人，是一个敢于负责的人。相反，假如领袖遇到问题就寻找各种各样的借口为自己开脱，注定只能是一事无成的 Loser。

勇于负责的精神是改变一切的力量

一位哲学家曾经说过："人生所有的履历都必须排在勇于负责的精神之后。"勇于负责的精神是扭转一切的力量源泉，它能够改变你平庸的生活现状，使你变得杰出或优秀；尤其重要的是，它有使你成为好机会"座上宾"的能力，频频获得它的眷顾，从而扭转走向"下坡路"的人生轨迹。

刘洁与王浩是同事关系，他们两人的工作态度一直都比较认真，也相当努力。老板对他们两人也感到很满意，可是一件事却改变了他们二人的命运。

一次，刘洁与王浩共同负责把一件非常贵重的古董送到码头。没想到送货车开到半路却坏掉了。因为公司有规定：假如不能按照规定时间送到，他们将要被扣掉一部分奖金。于是，力气大的刘洁，毅然背起古董，一路小跑，他们最终在规定的时间赶到码头。这时，心存小算盘的王浩心想，如果客户看到我身背古董，并把这件事传达给老板，说不定老板会给我额外加薪呢。于是，他对刘洁说："先把古董交给我，你去找货主吧。"

当刘洁把古董递给他的时候，他一下没接住，古董顷刻间化为碎片。他们都明白大祸临头，因为打碎古董很可能需要面临巨额赔偿，并且工作也有可能保不住了。果然，因为这件事，老板十分严厉地批评了他们。

在等待处罚的过程中，王浩有意避开刘洁，一个人走到老板的办公室，告诉老板古董是刘洁打破的，跟自己没关系。

刘洁被老板叫到了办公室，他把事情的原委如实地说了出来。并表示这件事是他和王浩的失职，愿意承担责任。但是王浩的家境不好，希望老板能酌情考虑对他的惩罚，自己会竭尽全力弥补犯下的过错。

在处理结果下来的那一天，老板把他们叫到了办公室，说："公司一直很看重你俩，想从你们当中选择一个人来担任客户部经理，没想到出了这么一桩事，不过这无意中帮公司考验了你们，让我们看清楚谁才是真正合适的人选，现在我们已经决定由刘洁来担任这个职务，因为我们愿意信任一个勇于承担责任的人。至于王浩，从明天开始就不用再来公司了。"

老板最后坦言，是古董主人告诉了他事实，他看见了刘洁和王浩递接古董时的动作，而自己更看重的是他俩处理问题、对待过失的态度。

王浩因为推卸责任最终失去工作，现实生活中有很多像他一样的人，你是吗？一切不负责任的人都免不了被淘汰的结果，麻烦总是喜欢找上不敢承担责任的人，而老板看重的是敢于承担责任的下属。

成长必须付出代价，需要经历无数次的挫折和失败。只有学会了忍受痛苦、承担责任，才会有所成就；躲避痛苦、逃避问题和责任无益于解决任何问题。一个在重大事情上不敢接受挑战的人，不仅不会摆脱这些困扰，还会被现实打垮，整日心神不宁，体会不到克服问题后的喜悦和生活的快乐。

困难面前的胆小鬼，内心深处会有一种别人听不到而却无法平息的声音："你是个懦夫，你是个可耻的逃兵。"

既然想要摆脱这种自我折磨似的困扰，何不痛痛快快地迎接挑战呢？反正只有两种选择：接受或不接受，每个人都必须选择其一。

一个人可以用以下四种方法来对待生命：可以逃跑；可以游移不定；可以接受，随波逐流；还可以用信仰和目标紧紧抓住生命，超越生命。

面对竞争，面对压力，面对坎坷，面对困厄，有人选择了逃避，有人选择了面对和征服，结果不言而喻，越是逃避，越是躲不开失败的命运，越是敢于迎头而上，越是能够品尝到成功的甘甜，要成为领袖人物就要明白其中的道理。

承担的责任有多大，取得的成功就有多大

一个人能承担多大的责任，就能取得多大的成功。有人说："大事难事看担当，逆境顺境看襟度。"一个合格的领袖人物敢于迎难而上，在困难时刻、突发事件、破解难题中挑起责任的担子，展示自己的胆略和魄力。

作为成功团队中的带头人，往往具备高人一等的素质：心智成熟、理想远大、善于沟通管理。但是，仅具备这些优秀的素养就称得上是成功领袖了吗？也不尽然，其中最关键的当属管理者的责任心，且懂得如何将责任心化为实际行动，让下属感受到关心、让团队沟通顺畅、让企业迅速成长，源源不断地输出动力，实现团队的目标。

可以说，敢于承担责任，是领导身上一种宝贵的美德，也是成功领袖必备的一项素质。

以身作则，承担责任，这是对一个领袖的最基本要求。带头人自身素质过硬，这本身就是一张王牌，往下属们面前一摆，不怒而自威，下属们自然就去效法。这样一来，带领好团队，也就水到渠成了。

程松在一家机械厂任生产科科长，他一向个性温和，工作勤奋，和同事们相处得也十分融洽。

有一次，由于客户所要的货物，厂里无法尽快补足，造成产量和销量均不能达到预期。为此，厂长非常生气，在主持生产科会议时，宣布要扣除所有生产科科员当月的奖金。

散会后，程松并没有向厂长解释生产延误的原因，而是诚恳地对厂长说："这一切都不关生产科其他同事的事，是我自己指挥不当才造成的，责任应该由我独自来承担，请扣我个人当月工资和全年奖金作为处罚。"厂长见程松这样说，就同意了他的要求。

本来因为扣奖金一事心情不爽的生产科员工们得知这一消息，表现出来的不仅是高兴，更多的则是对科长的感动之情。为此，他们主动加班，决心下个月超额完成生产目标。在所有生产科员工的辛勤努力之下，第二个月的产量果然超过了预期目标。这一次，厂长非常高兴，立即宣布加发奖金给生产部门。而作为科长的程松却表示，奖金都应该分给员工，自己分文不取，他对员工说："这些奖金是大家的辛劳所得，是属于大家的。"

看得出故事中的程松推功揽过，不但赢得了生产科同事的拥护和赞赏，同时也为工厂创造了佳绩。

作为一个领导，当工作中出现了纰漏或者犯了错误，就该像程松一样坦然承认，勇敢地挑起责任的担子，而不应该装出一副若无其事的样子，更不能以各种借口逃避责任、推卸责任。因为这样不仅会给你自己的人格抹黑，同时，你的不负责还会给企业的发展带来负面的影响。

张鹏在一家电子设备厂任设计部主管，他的下属不是从别的公司挖来的优秀设计师，就是名牌大学的高才生，按理说，拥有这样一批强兵悍将，张鹏的部门应该出类拔萃，备受老板青睐。但是，事实却恰恰相反，设计部成了老板最头痛的部门，为什么会这样呢？

原来，张鹏缺乏责任心，部门出现问题的时候，他不仅不帮下属解决问题，而且总是第一个逃跑，让下属收拾烂摊子。有时，明明是他的决策不对，影响部门的工作进度，但当老板怪罪下来时，他就将责任推得一干二净，让下属挨骂。久而久之，部门员工就都不买张鹏的账，工作松松散散，没事就请假，即便上班，也是闲聊或睡觉，没有人再踏实工作。

眼看着一大堆工作积压，老板心急如焚。经过调查，他发现问题出现在张鹏身上，深思熟虑后，他将张鹏降职，让在员工中颇有口碑、很有责任心的洪宇担任主管。两个月后，设计部的业绩突飞猛进，为公司创造了可观的利润，老板的脸上露出了久违的微笑。

俗话说："火车跑得快，全靠车头带。"在企业中，领导就是"车头"，像张鹏这样缺乏责任心的领导怎么能带领团队跑得快呢？受这种不良环境影响，即使再出色的员工，其工作动力也会大打折扣，又何谈优良业绩？

一位著名的人力资源专家曾在自己的著作中写道："很多企业的管理者，可以说个个学历很高，能力很强，但对企业缺乏责任心，给企业造成了巨大的损失。"上述故事中的张鹏就是如此，他缺乏责任心，遇事就逃避，耽误公司的工作进度，最终引起下属的怨恨、老板的不满，落得个降职的结局。而洪宇则用自己的责任心激发了下属的工作激情，赢得了老板的赞赏，前途一片光明。

作为领袖，有责任心的一个重要表现就是：赢得起，也输得起。也就是说，取得成绩不自满，不张扬；出了问题不逃避，不推卸；有了失误敢于承认，勇于承担。正如一家企业的董事长曾说过："世上所有的优秀管理范例，可能都具备一个共同的，但通常又不太被提及、被关注和被重视的基本起点：管理者的责任心。这是所有优秀管理行为和结果的出发点，是最重要的源头，是成功的动因。管理者的心力，这里暂且称为责任心，甚至可以被称为人类文明的动力。"

当年，在营救驻伊朗的美国大使馆人质的作战计划失败后，时任美国总统的吉米·卡特马上在电视里发表声明："一切责任在我。"就因为这句话，卡特总统的支持率随即上升了10%以上。

美国田纳西银行前总经理·特里说过："承认错误是一个人最大的力量源泉。"意思就是，正视错误，我们就会得到错误以外的东西，吉米·卡特的例子就是一个很好的证明。

一个有能力、有血性的领袖，当管理企业遭遇困难局面时，绝不会绕开它，选择回避；即使面临事故责任，他们也不会敷衍塞责，将自己撇清。可以说，这样的管理者是下属的主心骨，是公司的中流砥柱。

所以，坐上领袖的位置，就意味着一种责任，就要培养自己敢于担当、临危不惧的品质。一个合格的领导者敢于迎难而上，在困难时刻、突发事件、破解难题中挑起责任的担子，展示自己的胆略和魄力。这种对下属、对工作、对公司负责的态度也是很多老板非常看重的一个方面。

有这样一个笑话：在载满人的电梯里，老板忍不住放了个屁，大家纷纷捂鼻、皱眉，老板转头盯着身边的助理看，助理满脸无辜地解释道："老板，不是我……"没过几天，助理被辞退了。助理很迷惑，就跑去问老板为什么辞退他，老板不满地说道："'屁'大点事都担当不了，留你何用？"

虽然这只是一则幽默，但折射出的一些生存道理却是不容忽视的。老板之所以会器重有责任心、有担当的管理者，原因就是工作方面的能力可以培养，可是责任心却是一个人长期养成的基本素质。所以我们在日常管理中要勇挑重担，并成功完成任务，成为下属信赖的好领导。

生命的崇高总是和责任联系在一起

伟大的哲学家车尔尼雪夫斯基曾经说过："生命，如果跟时代崇高的责任联系在一起，你就会感到永垂不朽。""敢于担当"的核心，就在于"责任"二字。责任意识是一个领袖必备的"基本属性"。

想要成为一个领袖，就要把责任心当成使命。既然你选择了工作，你就应该为自己的选择负责，无论是好的结果还是坏的结局，你都要接受而且必须接受一切。不愿意承担责任，就不配做一个领导者。"不可推诿责任"应该铭刻在每位领导者的心中。

然而，有的领导者在工作顺利时，笑口常开，而在发生波折时，却立刻板起面孔责怪别人；工作方案推行成功时，他独居其功；失败时，却推得一干二净。这与有影响力领导者的作风迥然不同。

每一位领导者在享受鲜花和掌声时，也必定要承担起自己的那一份责任——领导者的责任，一份也许是"好"，但也许是"坏"的责任。因为工作不仅会为人带来成功和荣誉，同时也带来了无尽的辛苦、巨大的压力和前进的挫折，所有这些都是工作的一部分。所谓"在其位，谋其政"就是这个道理，只要领导者身在其位，就要对工作负起该负的责任，无论好的还是坏的结果：有了成绩要接受，出了问题更要勇于承担。

格罗夫曾任英特尔公司的首席执行官，作为世界顶级企业的领导者，他对于领导者的责任观有着自己的见解。他曾经说："我们所有处于管理岗位上的人，无论男女老少，都担心一旦犯错误，就会毁掉自己千辛万苦赢得的尊敬。但事实上，承认错误是力量、成熟和正直的标志。"正是因为他一直遵守着这样的理念，为英特尔公司赢得了大量的发展机会，为下属树立了榜样，也成了英特尔公司后继领导者们的楷模。如今，他在英特尔公司阐述的这一理念还在延续下去。

英特尔公司首席执行官贝瑞特说："我们崇拜格罗夫，并以担当责任为荣，这是英特尔的文化。"

身为领导者，不应害怕承担那些"坏"的责任。敢于为不良后果负责，这才是获得下属认可的有效途径。因为，"坏"的责任最能体现领导者对工作和下属的态度。

可惜的是，实际工作中总是有些领导者害怕承担这样的"坏"责任，害怕自己的前途受到影响，对于"坏"责任总是避而远之，最后导致失去下属的支持，无法达到成功。

因此，一旦领导者发觉自己走上了这样的歧途，应立即改正，重新开始，做一个敢于承认错误、敢于承担责任的人，这也恰恰是一个人领导能力提升的标志，也是他走向"好领导"的标志。承担"坏"责任的勇气和行为不仅反映出一个领导者的工作态度和强烈的责任感，更意味着领导者的精神境界已然达到了一定的高度，也是他能否赢得下属尊敬、能否带领下属出色完成工作的必备条件。

20世纪90年代，三星集团就曾遇到这样的困扰。当时的韩国，国内汽车产业已经产能过剩，但三星集团的决策者仍然在汽车业务上投资了数亿美元，这一错误的决定，直接导致三星汽车公司债台高筑，最后不得不低价出售给雷诺汽车公司。

这一事件给三星集团造成了严重后果，当时的李健熙也被大家公认为是一个失败的领导者。然而这时，李健熙勇敢地承担起这个"坏"责任，并且捐献出了20亿韩元的个人财产作为承担此次失败的惩罚。这个消息发布之后，所有的投资者都惊呆了，而那些正等着裁员公告的下属们更是热泪盈眶，李健熙也一下子成了"勇于承担责任的首席执行官"，赢得了下属们的敬重。

无论任何时候，在任何情况下，发生了任何事情，领导者都要像李健熙一样，敢于挺身而出，承担责任，承担起那些可能会使自己的事业走向低谷的"坏"责任。如果做到了这一点，那么你就会因为这份承担而让生命得到一次尊重。

责任体现在细节中

领袖必备的一个条件就是要有责任感，责任不仅体现在大事上，更体现在每一个细节中。

现实生活中也有很多领导者对于细节很不以为然，认为领导者就应该从大处着眼，把大事放在第一位，而对那些不起眼的小事无须在意。其实，这是一种错误的想法。因为在日常工作中，很多事情都是小事、细节，而一个人的责任心也正是从这些小事、细节中体现出来的。

一个年轻人刚来到一家大公司上班，发现一个问题：中午的时候，办公室的人都从别的部门把饭盒拿回来再去热饭，于是他就问同事：我们部门不是也有冰箱吗，为什么……"同事告诉他："半个月前冰箱就坏了，大家也是没办法，又没有人修。"于是，这个年轻人就利用中午的休息时间把冰箱里已经发臭的食物清理掉，然后寻找冰箱不能运转的原因。原来冰箱并没有坏，只是电源插座松了，于是他把电源插好，冰箱又开始运转了。后来，这个年轻人由于工作中的突出表现被提升为经理，这个公司就是中国数码产业的龙头企业——创维集团，这个年轻人就是创维集团营销部年仅30岁的副总经理张志华。

做事不能只做表面，要踏踏实实。通过一件小事就可以看出一个人的责任心，一个细节就能体现出一个人潜在的领导素质。工作时不要忽略了任何细枝末节，以为不重要，要知道"涓涓细流可以汇成江海"，有了"小"的积累才有了"大"的成就。如果在小事上都不能负责，那么发生了大事又怎会承担责任呢？而且，小事处理不好，最终也会坏大事。

有一个名满天下的长者，他学识渊博，受到世人的尊敬。于是就有很多人来到他的住处，希望能够拜他为师，学习知识。有一天来了两个年轻人，于是长者就让两个年轻人留了下来。

第一天，长者让其中一个年轻人扫地。过了一段时间，这个年轻人满头大汗地回来了，他说："我不仅把屋子里的地扫干净了，还把院子也扫过了。"长者低头看了一眼桌子下面，然后说："辛苦你了，你去休息吧。"

第二天，长者又让另一个年轻人扫地。过了一段时间，另一个年轻人回来向他报告说："我把屋子、院子和门前的小路都仔细地扫过了。"长者又看了桌子下面一眼说："辛苦你了，你去休息吧。"

第三天，长者把两个年轻人叫到面前，说："经过我的测试，你们两个都没有达到我的收徒标准，你们还是回去吧。"两个年轻人都十分惊讶，说："您还没有考我们呢，怎么知道我们不合适呢？""其实，我已经考过你们了。就在你们扫地的时候。"长者说，"你们看看桌子底下是什么？"原来，桌子底下有一枚钱币，这是那个长者早就放好测试他们的。两个年轻人由于对细节不够重视，所以都没有看到那枚钱币。长者说："一个人的责任不仅表现在大的事情上，更体现在小的细节中，做我弟子的标准就是注重细节。"

也许领导者会认为细节都是不起眼的小事，但在激烈的竞争中，许多的完美就体现在一个个细节中。所以，领导者要对每一个细节都负起责任，把每一个细节都做好，把每一件小事都出色地完成，才能带领追随者走向成功，同时也让下属心生崇拜。

敢于担当，冲锋在前

作为领袖人物，就应该有"冲锋在前，逃跑在后"的精神。当问题出现时，如果不站出来勇敢地说："是我的责任!"而是一味地推诿，这是任何一个老板都不希望看到的。任何组织或者团体都需要勇于担当的领导。只有在工作时勇往直前，当工作出现问题时，敢于出面承认自己的过失、承担责任的领导，才能获得团队的认同。

事实上，一个团队的发展目标能否实现，很大程度上取决于领导者的责任意识和处理责任时的方法或手段。一个优秀的领导者，会主动出面承担成员犯下的错误，给团队成员足够的时间和空间进行反省，进而站出来承担自己应该承担的责任，并把这种责任化作工作的动力，更加忠诚地追随在领导周围。

一家公司在外地设立了一个办事处，只有两个人，一个主管，一个职员。办事处成立后，需要办理税务申报，但这个办事处的税务申报却因各种原因一再拖延。在一年后的税务检查中，税务局发现了这个问题，就对其进行了严格的经济处罚。公司老总知道后，就向主管询问原因。主管说道："这一切都是我的责任，当时我想到了申报，可听说其他类似的办事处都没有申报，我想我们也没有必要这么做，所以就一直拖到了现在，这些事情都是我一个人的错。"

接着老总又询问了职员，得到的答案是："我把实际情况向主管汇报了，但是我觉得从为公司省钱的角度看，没有必要急着申报，因为很多单位都没有申报。于是我建议主管也不必着急，时间一长，就……这也有我的错。"最后，老板对主管说："虽然你们的行为不对，但你作为领导能够主动站出来承担全部责任，这样的领导，正是公司所需要的。"

身为领导者，一旦出现问题，先要做的就是把责任扛起来，绝对不能以各种借口来掩饰，更不能把责任推给下属。即使不是自己的错，但至少存在监管不力的问题。不管什么原因，不管问题有多大，压力有多大，领导者都应该先把责任担下来，尽快寻求解决办法才是最重要的。等到问题解决了，问题所引起的后果已经通过及时更正降到了最低，这时再追究责任也不迟。如此一来，惹出祸事的人也会被领导的主动担责而感动，主动承认自己的错误。这样既可以改善领导和下属之间的关系，又可以让大家富有责任心，增强团队凝聚力，提高团队的整体竞争力。

而如果一个人坐在很高的职位上，但是却不能承担相应的责任，丧失掉最基本的职业道德，就会遭到他人的轻视和离弃。

有一家大型模具公司的车间主任，手下管着100多位技工。有一次，他带着几名员工制造一个精细模具。制造完毕，恰逢总裁和他的几个朋友到车间巡视，其中一位发现了这个模具上的一个瑕疵，因为总裁在场，车间主任害怕自己挨训，当时就把责任推给了他的下属。总裁一看他这种做法，勃然大怒，当着全车间的人把他训斥了一顿。

所以，要成为领袖人物就应该有"敢于担当，冲锋在前"的精神。

用身体力行提升自己的领导力

经常听到领导者这样抱怨自己的员工："太过于个性"、"太难于管理"、"太喜欢拈轻怕重"、"太善于曲意逢迎"。因为这么多"太"的作祟，现代员工在老板眼中的印象并不容乐观，临了，还要加上一句潜台词："哎，现在的年轻人，已经不比当年了！"

其实，领导者在对员工进行宣判的时候，是否应该扪心自问，到底是现在的员工不争气，真有这么多的缺点；还是因为源头出了问题，员工们只是崇拜错了对象，有样学样，将老板的不争气原模原样地复制了出来；自己是否在评判员工的时候，犯了老板最习惯犯的致命错误：拎着尺子上街，光量别人而忘了量自己？

老祖宗早就告诉过我们："身教重于言教"、"要正人先正己"。要感人心，莫过于用情，要动人心，莫过于用行。激情四射的讲话不如雷厉风行的行动，喊破嗓子不如甩开膀子。

很多时候，作为企业管理者，一方面，在开会的时候冠冕堂皇地要求员工遵守公司的各项制度、履行各种应该承担的职责，教育员工们要建立企业荣誉感，要认同企业文化；另一方面，却是逍遥于各种规章制度之外，耍尽十八般武艺逃避各种应该承担的工作责任。一方面，要求员工全员戒备，迎接"旺季"的到来；另一方面，自己却看着报纸、品着茶、扯着闲篇，优哉游哉。如此，员工对上级所说的话也往往是左耳进、右耳出。真正对员工行为起作用的，是上级的所作所为。员工会循着老板们已经做出的"榜样"做人行事，早把老板在会议上那些冠冕堂皇的说教抛到了九霄云外，而向着老板已经做出的样子看齐靠近。员工也会学着上级的样子讲讲企业的坏话，爆爆领导的料，在"旺季"的忙碌中看报纸、品清茶、扯闲篇，优哉游哉。谁让领导们带了个好头呢？

所以，就算员工真的有太多的不是，他们也并不是始作俑者，而仅是误服了上层领导的余毒，却要莫名地承受老板的抱怨，承受老板"现在年轻人不比当年"的叹息，岂不是冤枉了员工？

其实，员工就是阳光下老板的影子，就是湖面上老板的倒影。影子斜了，必然是身不正了；倒影歪了，必然是实物出问题了。倘若员工出现了开头所提到的种种管理难题，肯定是其上层领导做了差劲的榜样。所以，矫正管理，并不仅是单方面矫正员工这么简单。

真正的领导者绝对不会依靠发号施令来加强自己的权威，实现自己的意图，也不会在出了问题之后只是抱怨员工而不从自身寻找原因。以身作则，可以说是成功领导百试不爽的法宝。不管是因为契约、权力或者其他原因，上级会对下级存在一种冥冥中的影响力，而下级也会自觉不自觉地去学习上级，以上级的所作所为为标杆对自己进行适当的矫正。老板的以身作则，会把这样一种冥冥中的影响力发挥到极限，从而靠归正自身而达到影响下属的目的。

那么企业领导者应该如何做到以身作则呢？这就需要各位老板们摆正自己的位置，身先士卒，带头遵守公司的各项规则和制度。现在特权之风盛行，很多企业家已经被四面八方的污浊之风熏得昏昏欲睡，很难摆正自己的位置，总以为自己作为老板，就应该享受不遵守规则的特权，习惯了以两把尺丈量是非对错。

身体力行，给员工的是一种身教，会让员工在"老板都如此，我们也没有理由偷懒"的潜意识中尊敬你、佩服你、追随你，从而努力工作。规矩应该是最正直的判官。当你遵守规矩的时候，你就成了规矩。当你以标杆为榜样修炼自己的时候，你就会成为标杆。规矩从来都是只对事不对人，从来不会因为地位而有所偏袒。连王子犯法尚且要与民同罪，在商业时代，一个以劳动合同为基础的老板又有什么权利逾越于规矩之外呢？

有人会问，别人设定的规矩，我自然应当遵守。但是在我的企业，在我的王国，我就是王，所有规矩都是我定的，我还有必要遵守"王法"吗？答案依然是肯定的。就算你是王，就算所有的规则都由你而定，但是，你却第一个去破坏你所定的规则，是不是有些太过于自娱自乐？如此自娱自乐而成的规矩，又谈何规范力、约束力，又怎能让其他人心甘情愿地遵守？所以，越是自己订立的规矩越要遵守，如此才能让规矩更快生效，更具规范力和约束力，存活得更长久。

但是，企业家必须明白一点，身体力行并不是事必躬亲，否则会出现"累死自己却培养了一群饭桶下属"的荒诞局面。一个事必躬亲的老板所领导的团队是不稳定的。一种情况是，员工能力太强，却英雄无用武之地，于是选择辞职，另外寻找能够成长的可栖良木；还有一种情况是，在老板长期不放心、不放权和事必躬亲下，老板忙于琐事，疲于应付，员工却自甘堕落和平庸，成为一群毫无用处的酒囊饭袋。不管是哪种情况，相信都不是老板们愿意看到的结局。

这里举两个例子。

第一个例子是唐僧。众所周知，唐僧无能，不会孙悟空的腾云驾雾，不会使猪悟能的九齿钉耙，甚至连沙悟净也不如，肩不能挑，手不能扛，还不时因为妖精的设局而误会徒弟。然而正是这样一个"无能"的凡僧，却走了十万八千里，历经九九八十一难，最终到达大雷音寺，取得了如来真经。他能成功，当然离不开几个徒弟的帮助，但也与他的善于管理、善于给每一个徒弟发展平台有着莫大的关系。

第二个例子是诸葛亮。诸葛亮被人们誉为"智慧化身"，能够在隆中观尽天下大事，预知日后大局，上知天文、下晓地理、满腹经纶、饱读诗书，没有人不佩服诸葛亮的能力和智慧。然而，诸葛亮却习惯于事必躬亲。作为丞相，连责罚 20 杖以上的军法这等芝麻绿豆大点的小事也要亲自监督。丞相既然愿意操心这等小事，下属们倒也乐得清闲，于是日复一日，丞相能力越来越强，而下属越来越习惯于依赖丞相而不求上进，最终累死了丞相，蜀国也出现了"蜀中无大将，廖化作先锋"的尴尬局面。

如此说来，在文学作品里，唐僧最后成了"神"，诸葛亮只是一个凡人，但若从个人能力上讲，唐僧与诸葛亮自然不能相提并论，诸葛亮是"神"，唐僧却仅能称之为凡人，诸葛亮在天，唐僧在地。但是从其性格和行事风格上，唐僧比诸葛亮更适合做领导，更适合管理团队、经营企业。

唐僧之所以能够驯服顽劣而又比自己有本事的孙悟空，不仅在于紧箍咒的威力，更在于唐僧作为一个领导的权威。这种权威很大程度上并不是来源于如来佛祖和观音的权力，而是来源于唐僧的自律带给徒弟们的震撼和影响。孙悟空虽顽劣，但依然诚心诚意地尊师傅为"至诚君子"。言行一致，不杀生就是不杀生，哪怕那生是狐仙妖精；意志坚定，说向西就一路向西，哪怕那路崎岖不平。所以，看似无能的唐僧正是运用身体力行的自律带给徒弟们震撼，获得了徒弟们的心悦诚服和鞍前马后，最后取得真经。

所以，作为领袖，与其苦口婆心地白费口舌，倒不如把自己锻造成员工前进的坐标，用自己的姿态表明自己对规则的遵守，用身体力行为员工竖起一杆学习的旗帜。企业主们如果羡慕优秀企业领袖那一呼百应的号召力和万人敬仰的独特魅力，就请减少会议上冠冕堂皇的言教比例，多用身体力行提升自己的领导力，让自己的领袖魅力不言自明。

第六章 决策之道——领袖要拥有把握机遇的敏锐和果敢

很多时候，时机稍纵即逝，如果不马上抓住，就会失去，对于个人和企业来讲都是损失。所以说，果断是一个领袖必备的要素。真正的领袖，往往能够在机遇到来的时候果断抓住，于是他及其所带领的团队就能获得成功。

抓住时机，一蹴而就

成功的必备要素之一就是果断。我们在工作环境中，往往会遇上纷繁复杂的事情，也会遇到来自各方面的干扰，这就需要具有果断行事的魄力。只有在合适的时间做正确的决定，才能够获得巨大的成功。作为领袖人物，更应当具备这一要素，在带领团队奋力前行的过程中，要审时度势，选择最佳时机，从而获取最大收益。

常常有人抱怨命运的不公，因为他看到周围有人成功了，而自己却还在原地徘徊。其实，任何人的命运都不是从一开始就注定了的，是在之后更长的时日里，人们对待它的方式不同，从而导致不同的结果罢了。成功和失败都揭示了一条亘古不变的法则，就是：命运是由自己创造的。对这句话，我们可以理解为，在同样的事情和机遇面前，有的人善于把握，从而能成大事，而有的人优柔寡断，也就丧失了机遇，这样的人，又何谈成功呢？

世界首富、微软公司的创立者比尔·盖茨是当之无愧的时机把握高手。

在哈佛大学读完大一的那个暑假，比尔·盖茨来到了哈尼维尔公司工作。在此期间，比尔·盖茨和他的好朋友艾伦就注意到电脑市场正在发生一场显著的变化。

这两个聪明的年轻人发现，电脑正在朝微型化、个人化发展，过不了多久，电脑就会进入千家万户，放在桌子上，成为很多人都可以操作的一部常用机器。可是由于比尔·盖茨的父母不同意儿子这么早就搞科研，比尔·盖茨不得不放弃马上退学的打算，留在学校继续学习，而艾伦仍留在哈尼维尔公司。

后来有一天，艾伦从杂志上看到新微电脑装备——MITS 阿尔它（Altair）8080 号"牛郎星 8080"的照片，文字介绍说这是世界上第一台微型计算机，可与商用型号相匹敌。MITS 是新墨西哥州的一家公司，创始人是艾德·罗伯茨。

看到这个消息，艾伦非常激动，他马上买了一本杂志，找到比尔·盖茨，并努力说服比尔·盖茨一起给这台机器开发一种程序语言。听后，比尔·盖茨也很清楚，这必将是电脑界的一次革命，它将改变这个世界。

怀着同样激动的心情，比尔·盖茨决定和艾伦一起向目标前进。于是，这两个对计算机有着狂热兴趣的年轻人，在哈佛大学的计算机中心，使用那里的设备，废寝忘食地干了近两个月，终于把一种简单的编程语言——BAS-IC 的最初版本凑在一起。

之后，比尔·盖茨和艾伦共同创立了软件公司——微软，这是他们计划已久的事业。随之，他们开始在新墨西哥州的坎布里奇营业。

这个时候，比尔·盖茨再次要求退学，可是父母依然反对，他的母亲还专门请来当地一位靠自己白手起家的千万富翁给比尔·盖茨做思想工作。这一次，比尔·盖茨不想再屈从父母的意愿了，他振振有词地辩解说，个人电脑时代已经到来，这正是他大展宏图的好机会。

在听完这个热血青年对未来蓝图的一番激动而又绘声绘色的描绘后，这位千万富翁被打动了。他开始相信，这将是个有作为的青年。他由衷地说："任何一个对电子学略有所知的人，都应该明白这确实存在，并且新纪元的确已经开始。"听了这话，比尔·盖茨更是下定决心。这下，千万富翁反过来说服比尔·盖茨的父母了。最终，比尔·盖茨的父母表示同意儿子的选择。

于是，比尔·盖茨向哈佛大学请假，到新墨西哥州与艾伦会合。一个多月后，微软与罗伯茨签署了协议，协议内容写道：允许 MITS 在全球范围内使用和转让 BASIC 语言及源代码，包括第三方。此后，在比尔·盖茨的带领下，微软公司向着一个又一个目标前进，最终成了 IT 界独领风骚的企业，而比尔·盖茨本人，也成了世界首富。

印度《五卷书》有这么一句话："最难的是自知，知道自己什么能做，什么不能做；谁要是有这样的自知之明，就绝对不会陷入困境。"比尔·盖茨正是凭借自己超人的禀赋，与电脑结下不解之缘，并把握住时机，一举成功。

所以，时机的选择就是要求我们能够在正确的时间当机立断。

一个懒人靠在路边的一块大石头上，眯缝着眼睛享受着阳光的沐浴。

正在这时，从远处走来一个怪物，有七八条腿，浑身散发着七彩光芒，走起路来速度很快。

怪物看到懒人，便问："喂！你在做什么？"

懒人回答："我在这儿等待时机。"

"等待时机？那你知道时机长什么样子吗？"怪物问道。

"我不知道，可是，我听说过时机是个神奇无比的东西，只要它来到你身边，你就可以交好运，可以当官、发财，或者娶个美丽的媳妇……反正，时机无所不能，棒极了。"

"可是，你连时机长什么样子都不知道，还怎么等它呢？你不妨跟我走吧，让我带着你去做几件比这个更有意义的事情。"怪物说着就要来拉他。

"我才不跟你去呢，休想欺骗我，你还是该干吗干吗去吧，我要继续等待时机的到来。"懒人不耐烦地撵那怪物。

怪物摇摇头，叹息着离开了。

这时，一位银发苍苍的老者来到懒汉面前问道："你怎么不抓住它呢？"

懒汉不屑一顾地问道："我抓它干吗啊，它算什么东西？"

"它就是时机呀！"老汉说道。

"啊！它就是时机！可是我已经把它撵走了！"懒人后悔不迭，急忙站起身呼喊时机，希望它能返回来。

"别喊了，喊也没用的。"银发老人说，"我来告诉你时机身上的秘密吧。它是个无法捉摸的家伙，当你专心等待它时，它可能迟迟不来；倘若你不留心时，它反而可能一下子来到你面前；见不到它的时候，你会时时刻刻想着它；见到它的时候，你又无法辨认它。如果在它经过时，你没有牢牢将它抓住，那么它将永远不会回头，你也就永远错过了它。"

懒人一听，心想，这可完了，他懊丧地对老者说："这可怎么办呀，我这一辈子都失去时机了吗？"

"也不见得呀。"老人继续说，"我再来告诉你一个关于时机的秘密。实际上，属于你的时机不止这一个。"

"不止一个？"懒人惊奇地问。

"是的。这个时机失去了，还会有下一个。不过，时机很难自动走来，而是需要人来创造的。"

"你说什么？时机还可以创造？"

"没错。你刚刚错过的那个时机，就是我为你创造的，可惜你把它放跑了。"

"噢，如果是这样，那简直太好了，那么，请您再为我创造一些时机吧！"懒人说。

"这次不能给你创造了。以后的时机，只有靠你自己创造了。"

"可是我不会创造时机呀。"懒人为难地说。

"那么，请你现在就听我的。先站起来，不要等待，而是放开脚步朝前走，遇到你能做的有意义的事，就马上去做。这样，你就学会了创造时机。"

懒人听完老者的话，似有所悟，马上站起来向前方走去。

这个故事旨在告诫企业管理者，时机来到身边时，一定要抓住，更不要放过每一次有意义的事情，这样才能有更多的机会抓住时机，使自己的人生更加美好。

其实，为领袖者，更应该具备这一素质。在某种意义上，时机就是一种巨大的财富。在投资或推出新产品时，要审时度势，选择最佳时机，从而获得最大收益。

有必要提醒的是，在追求事业的道路上，不必太过于追求完美，否则很可能会因为对于细枝末节的高标准、严要求，导致时机白白错过。在我们周围，常常有这样一些人，他们虽然才智过人，而且也非常勤奋，但是很少看见他们有出色的成绩。其中，有很大一部分原因就是他们有完美主义倾向。

身为领导，如果遇到事情总要考虑得很完美之后再付诸行动，那么，很可能会失去很多机会，而且也会降低工作效率。那么正确的做法是什么呢？正确的做法应该是：对于一些细枝末节，一定要学会妥协。当然，我们在这里所说的妥协，是在追求、苛求完美过程中的妥协。妥协并不是没有原则的，关键是要把握好妥协的尺度，如果因为妥协而偏离了最终的目的，那就太得不偿失了。要知道，适当的妥协是为了实现更理想的效果，于事物本身而言，妥协是一项积极的举措，而绝非消极的行为。总之，在达到一定条件的时候，我们就要动手去做，把握先机。只有这样，我们取得成功的可能才更大。

用敏锐的目光去发现机遇

机会就像草丛中潜伏的猎物，只有拥有老鹰一样锐利目光的人，才有可能发现猎物的一举一动，并在稍纵即逝的一瞬间果断行动，而且一击必杀！

经营企业也是如此，无数的平凡工作和信息组合构成了纷繁芜杂的现实。有些管理者总是对周围这些平凡的工作、信息中隐藏的机会习以为常、视而不见；有些人则恰恰相反，完全可以凭借自己敏锐的洞察力迅速对周围的一切进行分析，果断地剔除那些无用的信息，精致地汇总和高效地查找到机会，直到让它们为自己的成功服务。

可以毫不夸张地说，敏锐洞察力的存在价值有时候远远比毕生的经验更重要，而天才与庸才的区别，也就在于此！

"我也有能力成功，只不过没有合适的机会而已。""如果像他一样幸运，我可以做得更好。""我的工作太糟糕了，没有任何机会获得升迁。"

在失败面前，很多人总是把原因归咎于上帝，其实上帝对每个人都是公平的，区别就在于上帝把机会这只"兔子"悄悄隐藏在了生活的丛林里——只不过是另一些人像老鹰一样善于发现和捕捉这只"兔子"，从而让自己成了幸运儿。

鲍博和休斯毕业于德国汉堡的同一所学校，一同效力于大众公司的一家汽车修理厂，从事着汽车修理工作。所不同的是，两年后休斯却获得了鲍博数倍的薪金，这让鲍博很不满意。

"这样可不行!"鲍博向经理抱怨。

"怎么了,年轻人?"

"我和休斯做的是同样的工作,可是他的薪水却是我的3倍!"

这时,一辆发生故障的汽车被拖了进来,经理示意鲍博处理一下。

"不用看,肯定是电子打火的问题……"鲍博嘟哝着。

经过粗略的检查,鲍博对顾客说:"放心吧,伙计,只是一点小问题,可能是电子打火的毛病,我很快就能修好。"鲍博手忙脚乱地折腾了半天,也没把故障排除,顾客的脸上开始露出不快。

经理示意他叫出休斯,看休斯是怎么处理的。

"休斯,你估计这车的故障是出在什么地方?"经理似乎要故意为难休斯。

"轮胎上沾满了土,车身也全是灰尘,应该是灰尘过多,堵塞了油路吧。"休斯打量着车子,像一个猎人盯着陷阱里的猎物,锐利的目光似乎可以看穿一切。

"先生,"休斯一边检查故障一边说,"您的发动机出了一点小故障,很快就可以排除。故障的原因是发动机化油器里积尘太多——大概您去远处郊游了吧?而且您使用的汽油也不是标准的。如果我说得没错,请您下次一定要注意这两点。这对延长您爱车的寿命可大有好处!"顾客听得连连点头。

很快休斯就排除了故障。"还有,几个轮胎螺丝松动了,不过不要紧,我已经帮您重新固定好了。"休斯一边紧螺丝一边接着说:"我再奉劝您一句,您的汽车最好每隔一段时间进行一次保养——假如您没有时间的话,我们随时可以上门为您效劳。"说着他递给了顾客一张印有本公司联系电话和具体地址的卡片。

顾客满意地离开后,休斯来到经理旁边,递过来一张工作记录单:"先生,我们的化油器清洗液已经用得差不多了,最多还可以维持一个星期。最近总公司新出品的一种清洗液性能不错，而且更经济。我想是不错的替代品。"

经理微笑着对满脸通红的鲍搏说："现在，你知道为什么休斯可以获得比你高得多的薪金了吧?"

机会就像金子，埋藏在你身边像黄沙一样简单而普通的事物中，庸人的目光只散落在事物的表面，天才的锐眼却可以拨开层层迷雾，直接照射到本质，然后一击而中，获得深埋其中的宝藏。

同样的知识基础，同样的工作环境，同样的技术才能，却造就了完全不同的两个人，其区别则在于是否拥有鹰一样锐利的目光!

有些企业在录用、选拔和重用人才的时候，都把敏锐的观察力和对机会的把握能力当作一个重要的指标，没有一双锐利的眼睛，即使拥有再多的知识储备，也只不过是一部只知道按照固定程序工作的机器，没有任何生气和创造力!

曾经有位智者带着两个年轻人来到海边，问他们："你们看到了什么?"

第一个年轻人回答："我看到了无边的大海。"

第二个年轻人回答："我看到了湛蓝的天空、洁白的云彩和飞舞的海鸥；看到了汹涌的波涛和波涛下坚挺的岩石和游戏的鱼儿；看到了广阔的沙滩，沙滩上散落的贝壳……还有这个!"年轻人兴奋地喊道，他的手里拿着一颗闪亮的珍珠。

智者感慨地对第一个年轻人说："同样的观察，你看到的只是海水，他看到的才是真正的大海——海的本质和内涵!"

雄鹰翱翔在天空，不管猎物藏匿得多么巧妙，都逃不过雄鹰一双雷达一样的锐眼。在企业经营中，领导者同样需要一双锐利的眼睛来助你一臂之力!

从表面的危机看出背后的机遇

沃尔玛的创始人、世界首富山姆·沃尔顿，被人誉为 20 世纪最为耀眼的商业领袖。曾经有人这样定义他：一个战略管理者。所谓的战略管理者，就是制定了一个长期的战略目标，然后持之以恒地贯彻执行直至取得成功。但是他的小儿子吉姆·沃尔顿却并不是这样认为自己父亲的。吉姆认为："父亲总是说'你们要灵活些'，不管是家庭旅行还是商务旅行。他都经常更改行程，甚至在已经踏上行程之后，他还要对计划进行修改。后来，我们都窃笑那些把父亲看作伟大战略家的人们。他们认为，父亲凭直觉制订复杂周详的计划，并一丝不苟地执行。其实父亲的事业是在不断改变计划的过程中繁荣起来的。对于他来说，没有一项决策是不能改变的。"

正如他的小儿子所说的那样，山姆·沃尔顿确实就是这样一个人，一个懂得变通的商人，他不会被事物恒久不变的表象所迷惑，而是努力地去挖掘藏在事物背后的真相。可以改进的，就及时修正，继续进行；不能修改的，他也不会死咬着不放，而会绕过难题继续走。这就是山姆·沃尔顿，一个优秀的企业领导，一个事物在变，我也变的商业"投机者"。

山姆·沃尔顿最初是在纽约的一个小镇上经营商店，并且在那里创造了自己的品牌。无论是营业额还是利润，山姆·沃尔顿经营的小店都是当地数一数二的。小小的商店能够收获如此大的利润，使得山姆·沃尔顿成了小镇上的名人，引来了很多人的关注，这其中也包括山姆·沃尔顿的房东。房东看着山姆·沃尔顿的小商店竟有如此大的利润，想到自己行将就木，儿子也老大不小了，现在生活还没有着落，便断然撕毁了跟山姆·沃尔顿的租约。

山姆·沃尔顿当时的生意正处在上升期，被房东这么一折腾，在这里的功夫就算是白费了。可是山姆·沃尔顿也没有办法，因为是自己在签合同的时候忘了加上一条"第一个五年期满之后，有权继续续约"的条款。这样山姆·沃尔顿就等于在自己正如日中天的时候，被人踢出了这个小镇，这也意味着一切都要重新开始。

虽然山姆·沃尔顿很气愤，但是他知道自己的抗拒是无力的，因为毕竟是自己的忽略导致了问题的发生。反过来想想，一个年迈的老人想要为自己的儿子留个活计也是无可厚非的。所以山姆·沃尔顿并没有对此耿耿于怀，不久后他就又开始了自己的事业。因为签合同时的疏忽大意，被房东撕毁租约之后的山姆·沃尔顿重整旗鼓，继续经营着自己的事业，奠定了日后沃尔玛的基础。

试想，如果当时的山姆·沃尔顿没有遇到房东撕毁租约，那么他很可能满足小镇的温馨舒适，从而丧失了斗志，只是小镇上一个商店老板，而不可能是今日的世界连锁超市大老板。

古人说："山重水复疑无路，柳暗花明又一村。"在山姆·沃尔顿被赶出纽约小镇之后获得了长足的发展。良好的心态、根据时机随时改变计划是山姆·沃尔顿出奇制胜的法宝。山姆·沃尔顿曾经说过："成功时要大肆庆祝，失败则不必耿耿于怀。一旦不幸失败时，穿上一身戎装，唱一首傻呵呵的歌曲，其他人也会跟随着你一起演唱。要随时随地设计出你的新噱头，所有的这一切将比你想象的更重要、更有趣，而且它们会迷惑你的对手。"

在沃尔玛的实际运行中，山姆·沃尔顿也是这样做的。

1974年，56岁的山姆·沃尔顿正式办理了退休手续，他自己对外公布说要给年轻人一些机会，给他们更大的舞台，但是真实情况并非如此。当时在沃尔玛内部有两股比较强大的势力，一派是以公司元老费罗尔德为首的有资历的老辈，另一派是以罗恩为首的年轻派的势力，这两股势力互不买账，水火不容。而且当时的舆论矛头直指山姆·沃尔顿，迫不得已，山姆·沃尔顿才退居二线。他的退休让公司两派之间的斗争更加白热化。费罗尔德这位搞人事的老手却被山姆·沃尔顿的人事管理手段弄得晕头转向。山姆·沃尔顿退居幕后，倾听着来自各派之间的声音，一句"我会最终裁决"敷衍过去，却迟迟等不来他的决定。

当罗恩手下因故触犯众怒，罗恩本人也招来不满，公司出现前所未有的松散现象的时候，山姆·沃尔顿瞅准时间，在退休了30个月之后，将罗恩找来，宣布自己要重新担任董事长，让罗恩重新担任他的副董事长和财务总监。年轻气盛的罗恩还没来得及让山姆·沃尔顿肯定他工作上的成绩。他以为山姆的一句"我会最终裁决的"会消灭费罗尔德一派的力量，好让自己大展拳脚，没想到最后却是革命尚未成功，自己先位置不保了。于是，罗恩愤然辞职了。

随后便是以罗恩为首的一群高级经理人挂冠离去。当时的华尔街对此一片哗然，很多人都认为沃尔玛大势已去。没想到山姆·沃尔顿早有伏兵。任命杰克·休梅克为经营、人事和商品部执行副总经理，外聘戴维·格拉斯主管财务和分销。这样，一个新的管理团队形成了，同时也发出了一个信号：那些老家伙该走了，很多资深人士只好被迫辞职。

机器一旦运转，就不会停止。沃尔玛在山姆·沃尔顿的领导下继续发展，而山姆·沃尔顿也在发展的过程中成功地化解了沃尔玛内部的危机。这场被称为"周六夜的屠杀"是沃尔玛史上最为经典的画面。山姆·沃尔顿出奇制胜的领导者风范也被体现得淋漓尽致。

面对危机，年老的山姆·沃尔顿并没有胆怯和退缩，他用自己的智慧对企图霸占自己一手创立下来的沃尔玛的人提出了警告，成功地化解了沃尔玛的危机。

其实每一个成功的商业领袖都有自己出奇制胜的办法。真正的领袖是从实战中锻炼出来的，而不是通过条条框框编织出来的。所以，要想成为一位成功的商业领袖，必须坚持自己的领导风格，并在实战中加以历练和丰富。如果抛弃了自己的视野，忽略了自己的观点，那就没有什么领导风格可言了，更不可能出奇制胜。

攻其不备，才能够出奇制胜。认真分析自己所处的情形，学会站在对手的角度分析问题，很多时候我们想得过于复杂，而忽略了事情的本身。来自商场的战争无时无刻不在，一个拥有卓越智慧的人，理应拥有一双审时度势的眼睛，能够理性分析问题，从容面对困难，出其不意，攻其不备，才能够笑傲商战。

着力提高把握机遇的能力

一个优秀的企业领袖，善于把握机遇。这些领袖人物都懂得，任何人要想抓住机遇就一定要在机会来临的时候果断出击，主动捕捉机会，绝不能放任机会在自己面前溜走。

1983 年，时任中国光大实业公司董事长的王光英看到了工作人员递交给他的一份报告，内容是：智利一家倒闭的铜矿由于着急还债，亟须处理一批二手矿车。这批矿车皆是倒闭前不久矿主为加快工程进度而采购的，都没怎么用过。矿车全部是名牌，总数共 1500 辆。

王光英一拍大腿，认为时机来了。他快速派人与矿山老板取得了直接联系，表明自己愿意买车的意愿。与此同时，一个负责购车的专家和工作人员派遣组也火速成立了。临出发之前，王光英告诉他们，一定要有足够的勇气，要坚信自己的判断力，不要每件事都向我请示，只要你们认为车好，价格也不错，就快速拍板成交。

尽管这位矿主已经破产，可他对即将出手的1500辆车保护得很好。这些矿车载重7~30吨不等，矿主租用了一个大型体育场，将这些矿车整整齐齐地摆放在这里，而且他让工人将所有的车都精心地涂抹了防锈油。专家组人员看到这些车的时候，忍不住交口称赞。他们一丝不苟地验车，各项指标的确令人满意。派遣组人员丝毫不敢耽搁，立马开始了与矿主讨价还价。矿主因为还债心切，最终双方很快以原价的8折成交了。协议刚刚达成，一位美国商人就来到了这里。

王光英的这次火速决策，为国家净赚2500万美元。试想，如果他面对信息没有捷足先登，那批车说不定就被那位美国商人抢去了，2500万美元也会揣进别人的腰包。

泰戈尔说过："有些事情是不能等待的。假如你必须战斗或者在市场上取得最有利的地位，你就不能不冲锋、奔跑和大步向前。"

机遇就在距离我们不远的前方，谁能够最终赢取它呢？答案就在于一个"抢"字，凡是独具慧眼，在竞争中抢先到达者就能一举夺魁。

在机遇面前，企业管理者要清楚自己的优势在哪里，否则就很难超过别人。如果定位错了或者没有定位，第一步就走错了，离成功的航标就越来越远。做一匹千里马，需要检视个人在某个人生阶段究竟要什么？擅长什么？是什么类型的人？在何种情况下有最佳表现？有什么优势？……只有做好了身份定位，才能抓住机遇，持续发展。

江西果喜集团董事长张果喜认为，市场需求就是奋斗目标。

起初，张果喜以1000元的资金办起了"余江工艺木雕厂"，并取得了成功。一次偶然的机会，他在上海看到了一座日本佛龛，一下子就被吸引住了。佛龛的标价在他看来简直是天文数字，那只不过是一些木雕板组成的一种佛教用品，竟值那么高的价，如果让自己的工厂做，那很快不就能发大财了吗？

对，市场需求就是奋斗目标。

张果喜清楚地知道，佛龛的工艺要求非常高，几尺见方的大小却是由几千块雕龙画凤的雕版拼合的，看起来既精致又高雅，的确算得上上等的工艺精品了。日本很兴盛佛教，日本人信佛教的占大多数，而且日本的众多佛教流派又多以居家修行为基本教义，出家人也都待在自己的家里开佛教堂，念佛经。许多普通日本家庭都很虔诚地供着一个佛龛。因此佛龛在日本的销量非常大。

张果喜揣摸着，这种佛龛销量那么好，如果我们厂里能做成功，以后再扩大销路，就能打响牌子，所以困难再大也要想办法弄好！

不过，在中国，有能力做佛龛的只有木雕之乡东阳那些技术力量强大的木雕厂，而余江工艺木雕厂的那些工人只怕见都没见过这种特殊的雕刻图案。

但张果喜还是与上海进出口公司签下了一份定制 50 套佛龛的合同。

回到厂里，张果喜自任攻关组长，亲自把技术关口，整天泡在车间里，有时一天就待在车间 20 小时。

经过张果喜的不懈努力，余江工艺木雕厂终于走进了国际市场，从此开始了一个新的发展阶段。

在机遇路上，拼的就是速度。机遇就是构筑成功的砖石，一旦打下基础，你就可以在上面建筑了。

优秀的领袖，不但善于在平常的工作中寻找机会，而且还能将危机转化为机会，坏事也能变好事。其实，当工作中出现了困难，只要我们处理得当，敢于承担责任，困难就会化身为机会。只有当我们克服了困难，为企业排忧解难时，我们自然会被下属所拥戴。

大胆地创造机遇，科学地运用机遇

"不会冒险的人永远不会成功！"在滚滚商业浪涛中，冒险是现代企业生存和发展的经典语录。想要取得更大的发展，就必然要担当风险，当然，在冒险的同时，必须预计到种种可能的损失，然后坦然面对，争取将风险尽量减至最低。

世界著名的成功学大师戴尔·卡耐基在少年时代就从父亲那里得到了"不会冒险的人永远不会成功！"这样的人生格言，而他也总是把这句话拿出来，调适自己与别人的心态，激励人们战胜困难，奋勇向前。

美籍华人王安博士，世界各地的企业界和 IT 界几乎无人不知，无人不晓。在 30 年里，王安的企业从 600 美元开始，上升到了年销售额 30 亿美元，公司员工也从个位数上升到了 5 位数。这样一个看似令人惊讶的巨大成就，源自王安敢于冒险的精神。

1951 年，王安毅然告别了令很多人艳羡的哈佛大学计算机研究所的工作，在一个远离繁华区域的地段租了一间房屋，用 600 美元的家底成立了王安实验研究公司。

在起步阶段，可以说只有"艰难"二字能够形容。起初，公司里只有他和妻子两个"全职"员工，另外还有一名"兼职"人员作为助手。一年下来，王安实验研究公司只有 10000 多美元的营业额。这样下去，公司必将因难以为继而关门大吉。

面对现实的困境，王安寻求着突破口。为了渡过难关并求得发展，他开始和一些公司联盟。这一举措是需要胆略和更大的冒险精神的，因为与他联盟的公司实力都强于他，在这个过程中，虽然自己会受益，但也会有损失。最终的结果的确如此，联盟虽然为公司的经营发展带来了资金，但同时也给王安的公司造成了不小的损失。

不过，王安毅然坚持了下来。后来，他的公司推出了"洛其"对数计算器。它的出现终于为王安带来了新的希望。在20世纪60年代初期，这种计算器销量很好，随着销售收入的增加，公司利润水涨船高，而员工人数也逐渐发展到百人以上。

此后又经过一段时间的奋战，王安的公司又推出了自己设计制造的"300型"计算器，使公司的销售额又来了一次突飞猛进的增长。1967年，王安的公司成功上市，在发售股票之初，竟在证券市场上掀起了一阵空前的抢购狂潮。

在这种高歌猛进的势头下，王安却居安思危，为公司的未来做了长远打算。此时，他将目光瞄准了更先进的产品和计算机。为了弥补自己在软件技术方面的不足，王安以745万美元买下了菲利普·汉金斯股份有限公司。不久后，王安的公司便生产试制出了3300BASIC和700型两个型号的计算机。几年后，王安的公司又推出了2200型迷你计算机。这些计算机产品，在上市后均深受用户们的好评。

王安并没有止步于此，在开发通用计算机的同时，他又带领团队开始研制文字处理器——WPS。之后，王安的公司成了全世界此类系统最大的供应商。

纵观王安公司令人刮目的发展，无不体现着其敢于冒险的精神。没有这种精神，没有敢于尝试的勇气，这一系列成就只会成为镜中花、水中月。

由此我们也可以看到，一个领袖大胆冒险和敢于尝试的勇气对一个企业的发展的影响是巨大的。只有那些有胆有识、敢于冒险的英雄才能获得事业的成功和人生的辉煌。

对于很多企业来说，在从弱小走向强大的过程中，难免遇到阻力。在这生死存亡的关头，如果跨出去，可能会让公司掉进陷阱或者深谷，从此销声匿迹，但也有可能带领公司踏上一条康庄大道，使公司摆脱困境，实现发展的目标。于是，风险便产生了，是停步，还是前进，必须要做出选择。如果向前跨出一步，可能会让公司跌得粉身碎骨，但也可能让其再次攀上高峰。如果选择停步，也许可保一时安全，但很可能会因此错过大好时机，令自己懊悔不已。

因此，想要取得更大的发展，就必然担当风险，当然，在冒险的同时必须预计到可能遭受的种种损失，然后坦然面对，争取将风险尽量减至最低。举世闻名的苹果公司就是创业者冒着巨大的风险获得成功的一个典型例子。

20 世纪 70 年代，计算机开始在西方国家出现，但那时的计算机远不像我们现在所见到的这么小，而是有着庞大体积和复杂结构、需要专业知识才能操作的一个大物件。这种"稀有动物"，更不是人人都可以拥有的，当时它的使用只局限于政府部门、科研机构和大型公司。即使发展到后来的阿尔塔微型计算机，也只是供人们娱乐使用。

在科技日益发展的同时，计算机开始由大变小，直到 1976 年，"苹果"微型计算机面世，顿时掀起了一场震惊世界的革命。设计和制造这款"苹果"微型计算机的人分别是史蒂夫·乔布斯和沃兹尼亚克，他们被人们称为"永远改变了人们工作习惯的人"。

他们设计和制造计算机的历史，可以追溯到他们的童年时代。

他们二人都是硅谷土生土长的居民，从小就对电子计算机有着巨大的热情。两个人都爱钻研一些电子设备，长大后热情依然不减，到 1974 年，阿尔塔微型计算机上市时，他们就琢磨着是不是可以将计算机"升级"一下。在想方设法弄到了一些零部件后，他们就在史蒂夫·乔布斯家的一间破旧车库里开始制造由沃兹尼亚克设计的微型计算机。

经过他们的一番努力，车库里那件"新产品"具有多种功能，比阿尔塔优越得多。于是，他们想借此赚取一些钱财，史蒂夫·乔布斯就把他们组装的、尚缺外壳的计算机带到附近一家计算机批发商店，店主看后，喜出望外，感到此产品大有前途。这位英明的店主一下子就订了50台。拿下这么大的订单，史蒂夫·乔布斯激动极了，他告诉自己，该是干一番事业的时候了！

紧接着，史蒂夫·乔布斯和沃兹尼亚克合办了一家公司。他们设计出来的计算机新品，犹如呱呱坠地的婴儿，虽然貌不出众，尚无法吸引那些根底深、家业大的大资本家来投资，但却引起了风险资本家的高度重视。当时38岁的百万富翁马库看了产品之后，认为冒险挣大钱的机会来了。于是马库决心帮助这两个大胆的新手。他投资9.1万美元，还给他们借来60万美元，并推荐一位富有经营管理经验的能人——33岁的迈克·斯各特出任总经理。

公司开张不久，他们又开发研制了新商品——苹果Ⅱ型微型计算机，并投放市场。无论操作上还是功能及外观上，苹果Ⅱ型微型计算机都有了更大的提高，受到更大范围的认可。借此，苹果公司的创办者开始一帆风顺，逐渐步入了拥有无尽财富的辉煌殿堂。

从出身来讲，史蒂夫·乔布斯和沃兹尼亚克并没有多少过人之处，但他们却取得了举世瞩目的成就，一方面，可归因于他们的勤奋和聪明才智；但另一方面，我们不得不承认，是他们异于常人的胆量和气魄。

可以说，没有史蒂夫·乔布斯和沃兹尼亚克的冒险精神，也就不会有苹果计算机，更不会有人们生活的跨越式变化与发展。因此，只有大胆尝试创造机遇，科学地运用机遇，才能最终成为领袖人物。

执行力第一，想到就付诸行动

决策再怎么准确、计划再怎么严谨、梦想再怎么伟大、蓝图再怎么恢弘，倘若没有严格高效的执行力，那么最终结果都会与我们的预期相差千里，乃至于南辕北辙，没有摘取成功的桂冠，而是落入万劫不复的地狱。简单来说，一个企业缺乏执行力，就不会有竞争力，一个管理者缺乏执行力，就无法带好团队，一个员工缺乏执行力，就意味着被企业淘汰。

成为领袖，执行力是一项重要能力，只有执行好了，团队才能带好，企业才能运营好。执行能力的强弱将直接关系到一个人、一个团队的业绩好坏，进而关系到整个企业的发展。

一位资深经理人认为，一个企业若想取得成功，就一定要有成功的商业模式、成功的市场机遇以及团队的执行力，它们依次占到二成、三成、五成。

然而，我们却发现有这样一些人，甚至有这样一些管理者，他们总是有远大的抱负，想法也是推陈出新，说起来更是天花乱坠，可是却没有通过行动表现出来；有的人总是有着听起来很美的计划和打算，却迟迟没见他有什么行动……总之，有太多事情，因为缺乏行动，而没有下文，很可惜，也很遗憾。

有一家民营小企业，因为经营不善，已濒临倒闭。走投无路、无计可施的老板不得不请来一位德国的管理专家，希望专家能改善企业的经营管理体系，拯救危机中的企业。

德国专家考察完公司的情况后，公司员工都以为他会针对公司的情况制定出一套全新的管理方法。然而，就在大家期盼公司能够因为专家的推陈出新而起死回生、重燃生机时，专家却宣布了一个令大家都很纳闷的消息，专家不仅没有制定什么新制度，而且要求公司上下像以前一样运作，人员、设备、制度等都原封不动。

专家做出的唯一一个变动就是要求公司员工增强执行力，坚定不移地、不折不扣地贯彻落实公司的一切制度。

起初，老板对专家的提议半信半疑，但是结果却让老板惊喜万分，专家这个"绝招"使濒临破产的企业在一年内扭亏为盈，反败为胜。

从这家企业的沉浮中，我们可以看出，再完美的经营管理制度，如果没有得到有效执行，那也只能是一纸空文。所以说，成功有时需要的并不是什么新方法，也不是什么出奇制胜，而只是需要你增强自身的执行力，把所有计划、设想或者制度认真地贯彻执行下去。

孙子是春秋时期著名的军事家。有一天，吴王想考一下孙子，便问孙子道："你能把任何人都训练成一支优秀的军队吗?"

孙子听后，毫不犹豫地回答道："没问题!"

吴王听后，便指着门前的一些宫女说："照你这么说，你也能把这群宫女训练成军队?"

孙子胸有成竹地笑道："只要您愿意给我这个权力，我就一定能做到。"

"好，我赋予你这一权力，不过，只给你三个时辰。"吴王向孙子允诺道。

训练场上，这些从来没有接受过军事训练的宫女根本不懂一点规矩，乱作一团，场中没有一人把这次训练当一回事，更无人认真对待。吴王看到这种混乱的局面后，感觉很有趣，于是他又把自己的两个宠妃叫了过来，并命她们担任两队宫女的队长。

训练开始后，孙子大声喊道："停止讲话，大家按要求排成左右两列。"

宫女们很明显不把这个"教官"放在眼里，她们假装没听见，继续在原地你推我搡。

见到这一混乱的场景，孙子并没有恼怒，他继续说道："这是第一次，你们不明白纪律和命令，是我的过错，现在我第二次要求你们列队。"

然而，宫女们还是没有反应，依旧在原地打闹。这时，孙子又重复道："第二次还是不明白，也许还是我的问题，现在我第三次要求你们列队，左右各列一队。"

说完后，宫女们依旧没有照做，孙子的脸沉了下来，他严肃地说道："第一次大家没听明白，是我的错误；第二次，还是我的错；但是，第三次没听明白就是你们的问题。来人，把那两个队长带到一边，立刻斩首。"

因为手握军权，孙子的命令大如山，就算是吴王的宠妃，也不能幸免。

看到孙子是来真的后，所有的宫女都肃然而立，不敢再怠慢。不到三个时辰，由宫女组成的军队便被训练得服服帖帖。

从这个案例可以看出，态度决定人的执行力度，而成功必然来自于高效的执行力。

我们在这里所说的高效执行力，并不是工作经验或者学识，而是依靠管理者高度的威慑力和控制力，使团队成员能够一丝不苟地贯彻落实。

目前，大多数企业管理者都已经开始关注团队的执行力，但普遍处在一个比较初级的阶段。所以必须重视团队内部的执行力，重视团队的管理，重视团队中人才的培养，这才能更好地提升团队的核心竞争力，才能使团队乃至整个企业在竞争环境中立于不败之地。

在一次以"关于中国企业的成长路径"为主题的中国经济增长论坛上，一位与会经理人指出，中国企业的发展必须着力提升核心竞争力。尤其要在加强企业执行力上寻求突破。

这位经理人表示，作为一个团队带头人，不必像专家们那样追求经济宏观管理理念，但是却要做一个管理的艺术家，这就体现在执行力方面。

这位经理人认为，看一个管理者的执行力是不是达到一定的层面，我们最好从纪律、速度和细节这三个层面来判断。

首先，我们来看纪律。纪律是企业里执行力中最重要的环节。衡量一个企业有没有执行力，关键之处就是企业里有没有这么一个纪律，一旦管理者对某一项工作做出了决策，一声令下是不是能够把指令发到每一个员工的耳朵里。作为带兵打仗的将帅，如果只通过你的一个声音、你在大会上的一个演讲，就可以把团队中每一个员工都调到一个方向上，这样，团队就可以朝着一个方向走。显然，这正是执行力所涵盖的"中心思想"。

如果一个团队管理者没有这个能力号召下属，那么这样的团队就很难有很好的执行力。因为下属对领导没有一种认同的姿态。不管是做人还是做事，如果下属认为从领导嘴里讲出来的话是没有信用的，那么管理者提出来的要求就是没人执行的。在这种情况下，团队不可能朝一个方向执行。

其次，衡量执行力的强弱，还要看速度的快慢。所谓执行力，归根结底就是一个速度问题，一件事让甲团队做只花 5 天，但是乙公司需要花半个月。虽然做的质量不相上下，但是中间的差别却不容小觑，因为现在人们讲的是效率，同样的工作当然都希望速度快一些的来做。所以说，要想让团队有更好的执行力，速度是很关键的。

最后，就是细节。我们大多数人都有这样的认识，那就是德国车、美国车比中国的车要好一些，卖的价格也高一些。其实，这多是因为他们注重细节。因为细节是执行力的差距所在，它影响了很多人的事业发展，一个团队、一家企业更应该这样。

作为领头人，要想让团队有好的执行力，那么管理者先要以身作则，率先垂范。

我们都知道，在团队内部，领导者的坚强有力是整个团队高效执行的前提，在一定程度上，下属执行力的强弱是团队领导执行力的真实反映。

不难想象，领导者都是企业决策和目标的制定者，如果他们只是把执行力当成一个口号在会上喊，往纸上写，往墙上贴，而不落实在行动上，长此以往，员工就会耳濡目染地接受这种华而不实的作风，执行力就成了纸上谈兵。

综上所述，身教重于言传，行动胜过语言，要求下属做到的，领导者自己必须率先做到；规定下属遵守的，领导者必须带头遵守，这样才能培养出员工令行禁止的纪律、诚实守信的品格和执行有力的作风，使执行成为企业的自觉行动。

第七章 分享之道——不炫耀自己，不贪功

不炫耀自己，不贪功。要和部下分享荣誉，这是十分明智的做法。如果过分炫耀自己，其结果往往事与愿违。要心甘情愿地做那些报酬不多的事情，要晋升下属而非自己。

学会与别人分享

人和人之间能否和平共处，就看能否分享美好的东西。分享是一种需要，谁都不可能拥有世上所有的美好，如果每个人都有一个想法，我把想法告诉你，你把想法告诉我，那么我们每个人都拥有了两个想法，同理推知，如果每个人都能够分享，那么我们就可以拥有自己原本没有的东西，让自己和他人都更加幸福。

分享是一种境界，与广场的鸽子分享你的面包；与水池里的金鱼分享你的饼干；与朋友分享你的快乐、悲伤、成就。还有能够用来分享的东西，那你的生活还有意义，还有能与之分享的人，那么你还有朋友。

没有分享，就不可能取得较大的成就，更不可能赢得别人的爱戴。所以，

成为领袖人物，必须懂得分享，和下属、朋友甚至是对手共同分享生命中的美好。

有一天，有个女孩在机场候机，在起飞之前她还有好几个小时的等待时间，她买了一袋松饼后找了个地方坐下，拿出一本书专心致志地看了起来。她沉浸在书里，却无意中发现坐在她旁边的男人，竟然从放在他们中间的袋子里抓起一两块松饼，如此无耻！她想还是算了，不要发脾气，没想到，那个人又拿起了第二块！

当那个"偷饼贼"继续拿走她的松饼时，她变得非常气愤，她心想："我大人不计小人过，不然我一定打得他满地找牙！"她每拿一块甜饼，他也跟着拿一块。当只剩下一块的时候，她猜测他将会如何做。没想到，她看到那个人的脸上浮现出笑意，并且略带拘谨，小心翼翼地抓起了最后那块甜饼，分作两半，递给她半块，自己吃下另一半。

女孩从他手中抢过那剩下的半块饼干，并且心里想道："啊，上帝，这个家伙还真表现得有些紧张，还算是良心未泯，但他的确太无礼，为什么连道谢的话都不说一句？"她赌气似的啃完了半块饼干，这时，她的航班开始通知登机，她悄悄地松了口气，收拾起自己的所有行李走向检票口，一眼都没有看那位"偷窃并忘恩负义的人"。她登上飞机，坐在自己的座位上，很不幸的是，身边坐的正是那位"偷饼贼"。

她很生气，但还是装作不认识，继续看书。当她把手伸进自己的行李包时，她因意外而紧张得透不过气来。因为她的手摸到了那一袋松饼！原来自己才是偷了别人的松饼却没想要道歉或者感谢的忘恩负义的人！旁边的这个先生，却为了保持一个女孩的自尊，免得她窘迫不好意思，毫无怨言地与她分享了自己的松饼。

女孩心里很感动，并当面给那位先生道歉。在聊天的过程中，她才知道这位先生原来是一位跨国公司的老总。

与家人分享不难，与朋友分享也不难，难就难在与素不相识的陌生人分享。因为你们之间没有任何付出和责任的关系，彼此的生老病死都不在另外一个人所关心的范围之内，因此，一个能够毫无怨言地与陌生人分享食物、分享快乐，甚至只是分享一个微笑的人，必定是一个心胸博大、热爱生活的人。胸怀博大的领袖人物与普通人的区别就在于，他们善于克服自己自私的一面，至少能够表现出比别人少一点的自私自利。这也是为什么他们在经商的路上左右逢源，广受欢迎的原因。

秋天，当你见到雁群为过冬而朝南方沿途以"V"字队形飞行时，就是在解释一个最美妙的理论。每一只鸟展翅拍打时，其他的鸟立刻跟进，整个鸟群抬升。借着"V"字队形，整个鸟群比每只鸟单飞时，至少增加了71%的飞行能力。这就是合作和分享的力量。

同样地，如果我们在管理上也能够像雁群一样分享彼此的力量，彼此借力，共同完成艰难的长途跋涉，那么企业也一定能够完成更伟大的目标。

分享代表着一种气度、一种胸怀，宰相肚里能撑船，正因为胸襟足够开阔，宰相才成其为宰相。只有领导者的心胸开阔，容得下世间万物，才可能承受万般挫折；如果领导者心胸狭窄，连一粒沙土都容不下，是不可能有什么大成就的。

造梦：帮助员工为实现梦想而努力

拥有梦想，就拥有动力。打造共同愿景，是领袖凝聚人心、吸引追随者的一个重要方面。领导者应该把企业变成员工学习成长和实现梦想的地方，以高瞻远瞩的视野为大家制造梦想，同时把人们的梦想活化起来，带领员工去追求它、去实现它。

1. 领导者就是善于煮"石头汤"的人

所谓领导，就是在一无所有的情况下，或者是在艰难困境中，能够让属下和自己一起熬出一锅鲜美的"石头汤"的人。

拿破仑说，领导者无非是希望的批发商。华伦·本尼斯说，领导就是创造并实现梦想的带头人。领导者就是一个组织的灵魂，应该有"为有牺牲多壮志，敢教日月换新天"的远大抱负。

善于煮"石头汤"的人，能够将大家所期待的未来愿景着上鲜丽的色彩，这愿景经过他的润饰后，就不再是件微不足道的小事，而变成了一个远大的理想和目标。

领导者正是通过不停地编织一个个梦想的花环，鼓舞、吸引、凝聚他的团队和追随者们，不断地实现梦想又奔向下一个梦想。所以，如果你想成为一位杰出的领导者，不仅自己要有梦想，还应该善于用梦想把大家紧紧地凝聚在一起，共同煮出一锅鲜美的"石头汤"。

2. 为员工展示美好的发展蓝图

一般而言，如果员工觉得企业的未来发展一片光明，就会留下来努力工作；相反，如果员工对企业的未来没有信心，就会产生一种前途未卜的恐惧以及对业绩成长的忧虑，在这种心理的影响下，员工就会表现为混日子、悲观消极、缺乏责任心或事业心，甚至整天想着如何跳槽。这样不良的心态，当然对员工个人的成长和企业的发展都极为不利。

要使员工对企业的未来充满信心，就要让员工了解企业的优势和企业的美好前景。员工只有看见了企业发展的蓝图，才会主动地把个人的事业和企业的前途紧密地联结在一起。

作为一个组织的领导者，你是否给大家勾画过蓝图呢？如果没有，请立刻行动；如果有，请尽量清晰化与经常化；如果都有了，请随时随地传播。因为美好的蓝图让人努力、执着，创造出了无数辉煌。

3. 构建共同愿景的原则和方式

共同愿景既然具有那么多的能量与作用，那么如何建立共同愿景呢？构建共同愿景可以遵守遵循以下四个原则。

（1）要符合先进的价值观念和道德规范。

（2）要结合行业特点、企业特点，突出个性特征。

（3）全体成员要相互接纳，相互信任，相互沟通。

（4）要与企业的其他理念相一致。

共同愿景构建的方式是指推动共同愿景形成的一般方式，这些方式既可能有一定的相互联系，又可能有一定的相对独立性。

4. 让美好的愿景可望又可即

让美好的愿景可望又可即，需要注意区别"高要求"与"要求过高而办不到"之间的界限。有这么一则故事：

一个幼儿园老师为了训练孩子们双脚协调向上的弹跳能力，将几只漂亮的纸蝴蝶悬挂在空中，让孩子们跳起来去抓。刚开始，孩子们看到美丽的纸蝴蝶，兴致都十分高昂，纷纷跳起来用手抓。一次，两次……几次过后，孩子们都对此丧失了兴趣而去玩其他的玩具去了。课后，老师才领悟到，纸蝴蝶挂得太高，孩子们不能享受抓到纸蝴蝶的乐趣与满足感，因此对游戏也就失去了兴趣。第二次，幼儿园老师改变了游戏方式，把纸蝴蝶系在一根竹竿上，老师拿住竹竿的另一头，在孩子们中间来回摆动，高度以孩子跳起来能抓得到为准，谁抓到纸蝴蝶就将它送给谁。这回，孩子们的兴趣明显提高了许多，大家纷纷跳个不停。

企业的愿景也是如此。愿景不能是凭理想和主观愿望制定的。任何过高、过急和不切实际的愿景，都将对企业产生巨大的危害，不管这个愿景是出于怎样美好的愿望，也不管你制定了多少措施，提了多少口号，如果目标脱离实际，只能是空中楼阁。

事实表明，如果愿景超出了企业的能力范围，与现实脱钩，就无法实现。不切实际的目标，除了会加大企业的经营风险以外，没有任何意义。

其实，每个人、每个企业都有自己的特点，有别人和别的企业无法模仿的一些优势。只有好好地利用这些特点和优势，制定适合自己的愿景和目标，才可能取得成功。

5. 要清楚地规划出愿景实现的过程

作为领导者，你必须为组织的愿景设定一些步骤——这将对你公司的全体成员和公司总体绩效产生非常重要的影响。

既然是目标的实施步骤，就存在一个先后次序的问题。公司的共同愿景可以分解成几个大目标，然后再把大的目标分解成若干个小目标。最后，还要合理地安排这些小目标的次序。

任何一个组织都不可能同时进行多个目标，更不可能全部都做好，因此，组织必须设定好目标的先后次序，然后才能集中力量去依次实现目标。

如果想同时实现多个目标，必然发生混乱，工作人员弄不清楚到底要干什么，结果导致哪个目标也没能实现。另外，企业的资源都是有限的。金钱并不是万能的。有奉献精神、执着而努力的人也是有限的。让他们忙于处理各式各样的事情而没有重点，会使他们变得平庸。同时，让员工兼任无关紧要的工作也会引起他们的不满情绪或导致生产效率的下降。

有了愿景并不代表一定能够实现，你还要事先设定好实现愿景的具体步骤，包括实现目标的过程或手段。这种设定进行得越仔细越好。

6. 把握好短期和长期之间的平衡

企业愿景必须以适时的方式进行，它必须与企业所面临的竞争环境和企业自身条件的变化结合起来。这就意味着，在制定企业愿景时，必须考虑企业的短期任务。考虑如何在短期或中期获得阶段性成就，是实现企业愿景的重要保证。其实，无论是企业愿景还是其他目标、计划，把握好短期和长期之间的平衡都是至关重要的。在制订任何一项计划的时候，必须同时考虑必要的成本和可能的收益，必须注意在实现长期目标的同时保证短期效益。

要想成功，就必须将长期任务和短期任务结合起来，只有这样，组织成员才能有热情，才能更好地迎接可能面临的挑战，在实现短期利益的同时，为企业的长期发展奠定基础。

除了战略实施上的需要外，把握好短期和长期之间的平衡也是激励员工的一种需要。目标太大，就难以激起员工的兴趣；目标太小，员工也会觉得没有意义。因此，领导者必须学会给目标分段。

一般来说，领导者可以将企业的长期目标、中期目标、短期目标结合起来。出色的企业或组织都有 10～15 年的长期目标。经理人员时常反问自己："我们希望公司在 10 年后是什么样呢？"然后，根据答案来规划方向。

中期目标和短期目标一般会非常具体。将长期目标拆散开来，分成几个小事项，可以采用前文中的马拉松"分段法"，把很长的距离分成几个小段，每一段都有一个标志性的事物，它可以是一份报告，也可以是设计图纸，哪怕仅仅是为后花园增添了一朵花，也是在成功的路上留下了脚印。

了解需求，调动大家的积极性

要想更好地调动下属的工作积极性，让自己的管理更有成效，管理者就必须了解下属的行为动机和真正需求。当知道了员工的真实需求后，就可以理解他们的行为，然后有的放矢地激发他们的工作热情。"雪中送炭"之所以能让人心存感激，理由很简单，就是因为送出去的"炭"恰是"雪中人"急切需要的。假如送去的是"冰块"，非但不会赢得感激，可能还会招来唾骂。

那么，管理者该如何做，才能正确了解和把握下属的真正需求呢？

我们知道，一个人希望得到什么，内心有什么需求，大多会通过言谈举止表现出来，管理者只要留意下属的精神状态和情绪变化，就可以大致了解下属的需求。要进一步了解下属的需求，就要多与下属沟通交流。只有经常与下属互动，真诚地交流，才能与下属建立一条互相信任的沟通渠道，通过这条渠道，管理者就可以准确地掌握下属的需求。

沃尔玛公司的管理者十分关心自己的员工，公司里所有管理者都用上了印有"我们关心我们的员工"字样的纽扣。他们称员工为"合伙人"，并时常倾听员工的意见。董事长山姆·沃尔顿曾对管理者说："关键在于深入商店，听一听各个合伙人要讲的是什么。那些最妙的主意都是店员和伙计们想出来的。"

山姆·沃尔顿对管理者提出这样的要求："管理者必须做到，用诚恳的态度尊敬和亲切对待自己的下属，了解下属的为人、家庭、困难和希望，并且要表现出对他们的关心，只有这样，才能帮助他们成长和发展。"山姆·沃尔顿经常出现在公司下属的商店，询问基层的员工"你在想些什么"或

"你最关心什么"等问题，通过与员工们聊天，了解他们的困难和需要。

美国一家权威报纸曾报道过这样一件事情："几星期前的一个晚上，山姆·沃尔顿先生在凌晨两点半结束工作，到一家通宵服务的面包铺买了些点心，回来路过公司的一个发货中心，同一些刚从装卸码头回来的工人聊了一会儿。结果，他发现这儿至少还需要两个沐浴间。没过多久，我们这里就建好了两个沐浴间。"

山姆·沃尔顿通过认真观察、经常与员工互动的方式，及时发现了员工的需求，让员工感到心里非常温暖，工作也更加努力，这也是沃尔玛公司可以发展成为世界百强企业的一个重要原因。

此外，我们还发现企业中存在这样一种现象，有的管理者可以很准确地了解下属的需求，知道下属最希望得到什么，但面对下属渴望的眼神，他们就是不肯伸出援助之手，满足下属的需求。他们总是抱有这样的想法："我是领导，如果下属有什么需求，我就满足他们，就会失去官威，他们会觉得我好欺负，不把我当回事。""我既不是活雷锋，也不是机器猫，凭什么总是帮助他们，满足他们的需求？"这种想法是很狭隘的，为领袖者要"得助人处且助人"，因为助人就是助己。我们一起来看一个十分经典的故事：

一个人死后，见到了死神。死神问他："你想去天堂还是地狱？"他想了想说道："我想分别参观一下，再做决定。"死神答应了他。他们先去了魔鬼掌管的地狱。

他到达地狱之后，非常吃惊，因为这里没有传说中的火坑、酷刑，所有的人都坐在饭桌旁，桌上摆满了各种美食：肉、水果、蔬菜。但是，他发现那些人都愁眉苦脸、无精打采，而且瘦得皮包骨头，完全没有享受美食的欢乐。他仔细看了一下，发现每个人的左臂都捆着一把叉，右臂捆着一把刀，刀和叉都有很长的把手。所以，即使美食就在他们手边，他们也无法吃到口中，只能挨饿。

随后，死神带他去了天堂，景象完全相同：同样的食物，他们的手臂也绑着把手很长的刀叉。但是，天堂的人们非常开心，他们欢歌笑语，尽情享受美食，个个面色红润。他非常不解："为什么相同的环境，人们的表现却如此不同，地狱中的人面黄肌瘦，神情沮丧，而天堂的人却心情愉悦，身体健康？"死神指了指那些人的手臂，他仔细一看，终于找到了答案：地狱中的每个人都试图自己吃到东西，而在天堂的每一个人都用长长的刀叉喂对面的人，因为互相帮忙，他们都享受到了美食。

帮助是相互的，我们帮助了别人，实际上就是帮助了自己。滴水之恩可能换来涌泉相报，举手之劳也许换得感恩戴德，帮助的人越多，得到的就越多。作为领导者，要适时地为下属提供帮助，既可以改善上下级关系，也有助于管理工作。

需要提醒的是，在了解下属需求，帮助他们解决问题时，领导者还要注意这样一个问题：不要忽视下属的心理需求。按照马斯洛的需求结构理论："人除了生理需求外，更重要的是心理需求。因为生理需求比较容易发现和满足，而心理需求更容易被人们所忽视。"

在众多的需求中，下属很注重心理需求的满足，他们渴望被领导尊重、信任及肯定。因此，在满足了下属最基本的物质需求后，作为领导者应该用心了解员工的心理需求，并采取相应的方法，满足下属的这种心理需求。一旦管理者这样做了，就可以让下属知道自己是个有价值的人，于是就会以更加饱满的热情投入工作，为团队建设做出更多更大的贡献。

荣辱与共，共同进退

唐太宗的"凌烟阁24功臣"名闻古今，只是，仔细分析后不难发现，这些人多半是跟随唐太宗打天下的嫡系亲信，每个人都功勋卓著。

那时的功绩与我们现在所说的功绩有些区别，它代表着对国家与对皇帝本人的双重功劳。在那个年代，有功于皇帝就意味着有功于社稷、有功于国家，且有功于皇帝本人的功劳比对国家的功劳更重要。唐太宗认为，没有这些功臣对他本人的功劳，他就可能做不成皇帝；他如果做不成皇帝，就不可能有李唐王朝的强大，所以这些人的功劳愈加显赫。而这些人绝大部分都来自于秦王府，也就是我们上面提到的嫡系。在 24 名功臣中，秦王府出身的包括长孙无忌、杜如晦、房玄龄、高士廉、尉迟敬德、肖瑀、段志玄、殷开山、屈突通、张公谨、长孙顺德、张亮、侯君集、程知节、虞世南、秦叔宝 16 人，占总数的 2/3。当然，他们也有赫赫战功，但是最重要的一点是，他们是跟随秦王李世民一起"创业"、荣辱与共的亲信。

打江山与企业管理的道理十分贴近，一个成功运营的团队，多半成员一定是跟随老板创业的人，他们经历过最艰难的时期，也一起见证过辉煌，同时也共同克服过难关，最终变成一个铁打的团队。

例如阿里巴巴的老总马云，他创业阶段正遇上互联网的冰点，可他与他的 17 个亲信硬是挺了过来，"十八罗汉"相互簇拥着取暖，最终迎来了中小企业 B2B 最温暖的春天。他们这个团队最初聚首的时候，阿里巴巴的办公室只不过是一套 150 平方米的四居室，原本是马云的新居，还没来得及住就被拿来当作办公室。因工作上的分歧，他们争吵过、哭过，相互不理睬，甚至发誓不在一起吃饭，但没过几天大家又和好如初，因为他们都是对事不对人。此外，他们刚创业时非常拮据，每人每月只有 500 元工资，要租房还要保证日常的吃饭穿衣，当时他们都是一群人合租，每人每月只花费 100 多元，还根据每人出资的多少决定居住房间的大小。但是在这个团队里，没人整日抱怨不休，马云作为这个团队的领袖，感动着并共同努力着。

一年以后，阿里巴巴拿到了两次一共 2500 万美元的风险投资。"十八罗汉"终于告别了湖畔花园小区,搬进了华星科技大厦。现在,"阿里巴巴"已经转型为中国互联网电子商务传奇,几乎所有年轻人或多或少地从"淘宝"中受益。当初的"十八罗汉",如今有的定居杭州,有的定居北京,有的定居美国。想见一面都不容易,但每年他们都会聚一次,一起吃顿饭,聊聊天或叙叙旧。他们都还记得当初马云向他们描绘的那个蓝图,"中国在电子商务上一定会诞生一个全球最伟大的公司,我们还要继续努力"。

如果说马云的"十八罗汉"团队是一路从贫穷到富有,一步一个脚印走过来的,史玉柱与他的"四个火枪手"就好比是一起坐了"过山车",从云端跌下地狱,又从地狱升上天堂。

20世纪90年代初,史玉柱创造了中国经济界神奇的"三级跳"神话:一年变成百万富翁;两年拥有千万资产;三年暴富,摇身一变身价亿万,成为巨人集团公司总裁。然而几年之后,巨人集团内部出现了重大决策失误,导致不可估量的损失,"巨人"轰然倒下,史玉柱也从亿万富翁变成负债累累的"负翁"。但是,他身边自始至终都围绕着几个心腹,跟着他转战浙江、东北,寻找机会东山再起。最初史玉柱的情况简直称得上是困顿不堪,连工资都发不起,但是他们始终跟他团结一起,不抛弃不放弃,他们后来被称作"四个火枪手"——史玉柱大学时期的"兄弟"陈国、费拥军、刘伟以及程晨。如今,史玉柱又以"巨人"姿态傲然屹立,关键岗位上都是跟他一路打拼,共患难的人,在他看来,这个生死团队里有他的"根"。大树只要有根就不会死,"巨人"有"根"就能站得住。

所以,要成为领袖人物,就要与员工荣辱与共,共同进退。

与人合作，共享资源

领袖人物都明白这样一个道理，在适当的时候，选择与人合作，共享资源。他们发现，资源共享，虽然个人资源份额缩小，但是财富可以最大化。因为他们在与人合作，共享资源的时候，他自己的财富通道也拓宽了，从而带来了更大的机遇。

从打工者到亿万富翁，从简单传统行业到液晶移动电视等高科技产业，吴晓斌在日本创造了财富神话。最初日本国内某些人曾对他不屑一顾，但他用事实证明了什么是中国人的自尊和荣耀。回顾自己的成功历程，吴晓斌感慨最深的就是与人合作给自己带来的巨大利益。

可以说，吴晓斌今日所赚取的钱财是曾经的他所不敢想象的，而这一切都来源于合作。大家一起赚，才赚得最多，才是真的赚！

在日本打工长达 11 年的吴晓斌，从白手起家到如今坐拥十几家公司，总资产过亿的成功人士。他如今身兼数职，既是日本忠成株式会社董事长、日本温州总商会会长，还是中国对外贸易协会副理事长。

1965 年，吴晓斌在浙江省温州市出生，他自小就立志要做成一份大事业。25 岁的时候，他创立了自己的第一家实业公司，开启了创业历程。

发展顺利的公司与日益提高的利润，都满足不了吴晓斌的胃口，而且，他日益意识到知识的重要性。为更好地吸收国外的高新技术以及先进管理模式，1995 年，他毅然放弃国内的安逸生活，前往日本留学深造。

1998 年的一天，吴晓斌留意到日本的年轻人对手机这一日常用品追逐标新立异，于是他发现了商机，决定开发手机天线。于是他在日本开创了日本忠成贸易有限会社（2004 年更名为忠成株式会社）。

之后，他回到温州，积极寻找家乡的商人一起合作，因为他明白仅依靠自己的力量是很难开发出手机天线的，与人合作不仅可以减少时间、成本，更能赢得最大的利益。于是，吴晓斌动用自己的所有资金和从同伴处借来的20 万元开始了合作研发，只用 3 个月就开发出手机闪光天线。

事实表明，吴晓斌与人合作赚大钱的理论是极其正确的。到了 1999 年底，他的手机闪光天线已经占据了日本市场的 70%，而且为他赚取了巨大的利润。

在完成一定的资本积累后，吴晓斌开始寻求做大做强的道路。到了 2001 年下半年，吴晓斌成立以开发、生产与销售黑色家电产品为主的日本 ZOX 株式会社，在日本市场低迷的环境下快速发展，受到传媒与业界的高度赞赏。

在成立日本 ZOX 株式会社时，吴晓斌依然坚持"与人合作赚最多的钱"的理念。他在日本寻找合作者，与合作者共同开发、生产、销售黑色家电产品，极大地提高了运作效率，从而减少了成本，赚得了最多的钱财。

日本电视台对吴晓斌进行了专访，日本经济财政大臣和财务副大臣也对吴晓斌给予了充分肯定。

在做出自己的每一项举措之前，吴晓斌总是不忘"大家赚才是真的赚"，总是主动寻求合作者，与合作者共同研发、生产、销售，真正做到了大家赚才赚得最多！

如今，吴晓斌的公司产品已涵盖了视听、数码、通信、电子电器、汽车用品及网络等领域，集设计、生产、贸易为一体，达到 6000 万美元的年销售额，自己也有过亿的资产。

吴晓斌之所以从一个打工仔到企业领袖的完美逆袭，就是因为他在创业的时候懂得与人合作，资源共享。当然，必须要选择靠谱的合作对象，只有这样，才能在合作中让事业更上一层楼。

　　与人合作，资源共享，需要用宽广的心胸接纳合作伙伴，这样才会拥有更广的人脉资源，得到的机遇更多。所以，与人合作的时候，不要只顾眼前小利，而将人拒之门外。同时，选择合作伙伴的时候，要找志同道合的人。只有这样，才能在合作中碰撞出美丽的火花。

第八章　信任之道——获得
他人信任的能力

古语说得好："君子一言，驷马难追。"旨在告诫人们，说出来的话，不能反悔。意即我们现在常说的言出必行。这是做人的学问，也是做领导的学问。一个优秀的领袖必定是守信之人，这样才能让部属相信自己、信赖自己、接近自己，与自己共事共心，同舟共济。

信守诺言，承诺的事情要做到

古往今来，众多领袖人物都是信守诺言的人，曹操就是一位。

刘备、关羽、张飞三人桃园结义之后，情同手足。他们投靠袁绍，与曹操作对。在一次战斗中，刘备、关羽、张飞三兄弟被打散了，关羽保护着刘备的两位夫人被曹操的军队包围在一个小山头上。他几次想冲出包围，但都被乱箭射回。

后来，关羽考虑到带着两位嫂嫂，不能辜负了刘备对他的信赖，迫于无奈投降了曹操。曹操非常喜欢关羽的为人和武艺，就满足了他提出的三个要求：只降汉朝，不降曹操；要按照刘备的俸禄标准来供养他的家眷；一旦知道刘备的下落，关羽就要去找刘备。

于是，曹操想尽办法厚待关羽，希望关羽能够顺从自己而不再去找刘备。

曹操领着关羽去见汉献帝，汉献帝封关羽为偏将军。然后，曹操又大摆筵席，请出文臣武将与关羽相见，并请关羽坐在上宾的位置。宴后，曹操叫人捧出许多绫罗绸缎、珍贵器皿送给关羽。过了几天，曹操又挑选了10个美女送给关羽。关羽也不好推辞，就把美女连同绫罗绸缎、珍贵器皿全部给了两位嫂嫂。

一天，曹操见关羽穿的锦袍已经旧了，就特地叫人照着他的身材做了一件新锦袍送给关羽。曹操见关羽的坐骑很瘦弱，就吩咐手下的人去马厩牵来了吕布骑过的赤兔马，让关羽牵走。就这样，曹操对关羽是多方关照，厚礼相待，一心指望关羽能被他感化，归顺于他。可是关羽却将兄弟义气看得比什么都重要。

不久，关羽得知了刘备还在河北的确切消息，便向曹澡辞行。可曹操躲着不见他，故意在门口挂了个不见客的牌子。关羽没有办法，只好将曹操送给他的财物、美女统统留下，写了一封辞别的信叫人送给了曹操。收拾停当，关羽请两位嫂嫂上车，自己骑着赤兔马，只带着旧时人员出了门。

曹操得到关羽已经动身的消息，心中十分焦急，大将蔡阳请令："请丞相给我三千人马，我去把关羽擒来，献给丞相！"

曹操却制止说："不必追赶！关羽这人来去明白，胸怀坦荡，真是大丈夫！大家都应该向他学习！"

又有人提出："关羽是一员虎将，如果投靠了袁绍，后患无穷，还是追上去把他杀了的好。"

曹操说："以前我答应过他，怎么能失信呢？不如索性做个人情，送他一笔路费，让他知道我曹操是说话算话的。"

于是，曹操带了几十个人追赶关羽，给关羽送上一盘黄金，但关羽不肯接受。曹操就送给关羽一件锦袍。关羽不敢下马来接，只用青龙刀尖挑起战袍披在身上，拱手道谢，然后匆匆离去。

正在这时，一员大将气呼呼地对曹操说："关羽这个人太无礼了！丞相好心好意送他战袍，他连马都不下，手都不接。何不把他抓回来？"

曹操摆摆手说："他一人一骑，我们这里几十个人，他怎么会不起疑心呢？我是特地前来送行的，怎么能说话不算数呢？不必为难他了。"说完领着众人回城去了。

曹操的信义虽然没有完全收服关羽，但是与关羽之间却有了恩情，也正是因为这恩情，华容道时关羽才宁肯违背诸葛亮的军令也要放走曹操，甚至连曹操的部将张辽等人也一并放行。可见，授人恩惠纵然不求回报，回报却总会在你需要的时候到来。

要想成为领袖，必须始终保持一诺千金的信条，对自己的每一句话负责到底！做到"一言既出，驷马难追"。

培养倾听的能力

对领导而言，倾听下属的想法是非常重要的。领导者可以从培养自身的交际能力、创造交流氛围开始，使下属能在轻松的气氛中畅所欲言。不管是下属的抱怨还是他们提出来的批评和建议，只要管理者能够真心倾听、诚心解决，就能取得成效。

在任何形式的交往中，倾听都是沟通中至关重要的一环。同样，倾听也是领袖应该具备的重要素质。

美国著名的企业家乔·吉拉德有一次深刻的体验。有一次，一位客户向乔·吉拉德买车。乔·吉拉德为他推荐了一款最时尚且价格很合理的车型，客户对这款车非常满意，并掏出 10000 美元打算作定金。眼看就要成交了，客户却突然变卦，头也不回地离开了。

客户明明很中意那款车，为什么突然改变了态度呢？乔·吉拉德冥思苦想了整整一下午，百思不得其解。晚上下班以后，他忍不住拨通了那位客户的电话号码。

"您好！我是乔·吉拉德，今天下午我向您介绍了一款新车，看得出您很中意那款车，为什么您突然不要了呢？"

"喂，您知道现在是什么时候吗？"

"非常抱歉，我知道现在已经很晚了，但是我冥思苦想了整整一下午，实在想不出自己错在哪里，所以特地打电话向您请教。"

"真的吗？"

"是的，肺腑之言。"

"很好！我问你，今天白天你用心听我说话了吗？"

"非常用心啊！"

"是吗？可是我觉得你根本没有用心听我说话。就在签订单之前，我提到我小儿子的学习成绩、运动能力以及他将来的理想，我一向以他为荣，但是你却对此毫无反应。"

乔·吉拉德确实不记得对方是不是说过这些事情了，因为当时他认为这笔生意已经谈妥了，根本没有在意对方还在说什么……

乔·吉拉德失败的根本原因就在于他没有认真倾听客户的谈话，那位客户除了买车，更需要被人称赞他有一个优秀的儿子，而乔·吉拉德却忽视了这一点，所以才导致了交易失败。

虽说倾听看上去是一种最省力、最不费口舌的管理方式，但是，要想将它运用得当也不是一件容易的事情。换句话说，倾听也是大有门道的，如果管理者不懂倾听的技巧，很可能弄巧成拙，反而阻塞了上下级之间的交流通道。

那么，有没有好办法可以让管理者成为一个"会听"的领导呢？我们总结了以下四点，希望管理者们以及将来某一天会成为管理者的人们参考。

1. 全神贯注地倾听

倾听时要精神集中，神情专注。为表示自己注意倾听，要多与下属交流目光，下属讲话时要适时点头，并给出"是"、"对"、"可以"等应答。

2. 让下属说出心里话

懂得怎样听下属说话以及怎样让他们开启心扉，是管理制胜的不二法门。

由于职位的从属关系，一些下属害怕领导发现自己的不足，害怕遭到拒绝。如果下属一直是这样的心态，那么想取得良好的沟通将会比登天还难。要让下属消除自己的顾虑，认真倾听他们的谈话是个不错的妙招。一旦下属发现和你这位领导在一起很安全，而你又打心眼儿里赞赏他们时，他们便可能向你开启心扉。如果你能做到这一点，无形之中便赢得了下属的心，他会全身心地支持你、服从你。

当然，我们所说的倾听绝对不是要领导贡献出两只耳朵来，然后一言不发，那样的话，下属会感觉是对牛弹琴，索然无味。聪明的领导会引导下属谈话，让他们说出想表露的一些真实的想法。

对于清末的"红顶商人"胡雪岩，大家都不陌生，而他制胜的法宝之一就是善于倾听。曾经有人这样描述胡雪岩："其实胡雪岩的手腕也很简单，胡雪岩会说话，更会听话，不管那人如何言语无味，他都能一本正经，两眼注视，仿佛听得极感兴趣似的。同时，他也真的是在听，紧要关头补充一两语，引申一两义，使得滔滔不绝者有莫逆于心之快，自然觉得投机而成至交。"

由此可见，领导们想让下属亲近自己、信赖自己，就要认真倾听他们的建议，甚至连下属的牢骚也要微笑着倾听。当然，听完之后，领导还要发表一两句看法，表明对下属的理解和关心。这样，下属们会因为自己得到了领导的尊重而更加服从指挥，更加拥护管理者的决策，也会继续努力思考，主动为团队献计献策。

3. 表现出浓厚的倾听兴趣

有的领导倾听下属讲话时，常常是下属刚说两句话，他就表现出兴趣索然的样子，下属察觉到领导对他的谈话没有兴趣，就会匆匆结束谈话，将自己的真实想法咽回肚里。所以，在倾听下属说话时，管理者应该表现出浓厚的倾听兴趣，尽量注视下属的眼睛，不要做看手表、打哈欠等影响下属情绪的动作。

4. 耐心倾听

交谈中要注意控制自己的情绪。有时会因为下属过长的发言或自己不感兴趣的话题而感到厌烦，这时要学会控制自己的情绪，不要表露出来，要耐心听他把话讲完，这是对下属的尊重。特别是对方有意见的时候，要耐心倾听，给对方提供宣泄自己不满的机会。

光听不思考、置若罔闻、心不在焉地听都不是有效倾听。只有用心倾听，才能真正达到与下属沟通的目的。这样下属才能信任您。

为员工树立好榜样

俗话说："身教胜于言教，榜样的力量是无穷的。"想成为领袖，要时刻以身作则，以员工的标准要求自己，为员工树立好榜样才能获得员工的信任。

玫琳凯是美国著名的女企业家，她在榜样激励方面有自己的独到见解。她认为，领导的速度就是员工的速度，称职的领导应以身作则。例如，现代所有美容顾问都需要对自己的生产线了如指掌，这项工作看起来困难，实际上并不复杂，它只是一个做好准备工作的问题。但是，一位销售主任除非本身是商品专家，不然是不可能说服其美容顾问成为商品专家的。试想，一位对商品知识一无所知的销售主任在召开销售会议的时候，他只能这样说"按照我说的而不是按照我做的那样去做"。因此，这样的销售主任是无法说服自己的员工的。

玫琳凯在个人形象方面也给员工树立了好榜样，她曾经这样说："经理的工作习惯很重要，经理的衣着打扮也十分重要……我只在自己形象极佳时才接待客人。我认为，作为一家化妆品公司的创始人，必须给人留下好印象。要是让我们公司的人看见我身上沾满了泥浆，那多不好，我的这些做法已被传扬出去了。有人告诉我，我们有许多销售主任在学着我的样子，都穿得漂亮得体，所以，各地的美容顾问也在学着他们的销售主任去打扮自己，这真是太好了！"

玫琳凯深谙作为员工的领头人，自己的行为会受到整个公司员工的热切关注。因此，她十分注重企业组织中经理的榜样影响力，她说："员工总是喜欢模仿经理的工作习惯与修养，而不会分辨其是好还是坏，这是人的本能之一。如果一位经理经常上班迟到，吃完午饭后又很晚才回办公室，私人电话聊个不停，总是因喝咖啡而中断工作，一天到晚眼睛无时无刻不盯着墙上的挂钟，那么他的下属一定会一样不落地跟着学。反过来，领导的好习惯也会对员工产生深远的影响。例如，我习惯在下班前整理当天的工作，把还未干完的工作装进包里带回家做，坚持今日事今日毕。尽管我从来没有这样去要求别人，但我的助手与秘书也会主动跟着我这样做，经常把没做完的工作拿回家去做。作为领导者，职位越高就越应该注重给员工留下好印象，因为领导总是处于众目睽睽之下，领导的一言一行、举止表情也会受到员工的关注与刻意模仿。"

这就是以身作则的好处，你想拥有什么标准的员工，那你先得以什么样的标准去要求自己。以身作则可以在无形之中启发员工，在潜移默化中达到说教所达不到的效果。

企业领导者的一举一动都将潜移默化地影响着员工的工作，给员工留下深刻的印象。毫无疑问，榜样可以起到明显的激励作用，从而推动企业各项工作的顺利开展。

那么，作为企业领导者，怎样才能做到以身作则？请记住以下四点。

第一，企业领导者要具有自我管理的能力。企业领导者只有具备自我管理的能力，才能独立思考和工作，无须他人的严密监督。

第二，企业领导者要忠于一个目标。大部分人喜欢和那些能够将感情和精力都奉献给工作的人共事。所以企业领导者除了关心自身之外，还应该忠于组织、忠于事业、忠于团队和忠于产品等。

第三，企业领导者要努力培养竞争力，发挥出自己最好的状态。企业领导者必须时刻培养自己的竞争力，掌握比他人更多、更强的技能，这样才能带领团队前进。

第四，企业领导者要有魄力、讲诚信。企业领导者应该具有丰富的专业理论知识和较高的伦理道德标准，这样才能获得员工的信赖。此外，办事要有魄力、能够独立自主地做出正确的决断、说话算数，言出必行、不优柔寡断并勇于承认自己的错误等，也是企业领导者应具备的素质。

　　总而言之，领导者必须以身作则，让员工能够在自己的身上看到希望与寄托，这样才能使员工死心塌地追随自己，也才能让员工学到更多，还能很好地展示自己的领导力。

以身作则，律人先律己

　　1945 年，日本在第二次世界大战中战败后，松下公司几乎面临倒闭的风险。为了顺利渡过难关，松下幸之助要求全体员工振作起精神，尽量做到不迟到、不请假。然而不久，松下幸之助自己却迟到了 10 分钟。松下幸之助迟到的确有客观原因。本来，他上班是由公司的汽车来接送的。然而那天，他很早就起来，赶往阪急线梅田站等接他的汽车，然而左等右等，车一直不来。眼看就要迟到了，他不得不选择乘电车。刚上电车，看到汽车来了，便又从电车上下来乘坐汽车。如此折腾一番后，等到了公司，足足迟到了 10 分钟！这本来是司机班的主管督促不力，司机又睡过了头，晚接松下幸之助 10 分钟。按照相关规定，员工迟到就要接受批评和处罚，松下幸之助认为必须严厉处理这件事。

　　先以司机没有忠于职守的理由，给他减薪的处分。其直接主管、间接主管，也都因监督不力遭受处分，为此共处置了 8 个人。

　　松下幸之助认为对这件事负最后责任的，应是公司的最高领导——自己。于是，他对自己实施了最重的处罚，退还了全月薪金。只是迟到 10 分钟，就处理了这么多人，连自己也不放过，这件事深刻地影响了松下公司的员工，在日本企业界引起了强大风暴。

律己然后才能律人。领导自己犯了错误，主动惩罚自己，这样做的积极意义比制订 1000 条规定都要好得多。纪律面前人人平等，只有领导提前做了，员工们才会——遵守。作为领导者，需要谨记的是，任何制度的有效推行都比不上领导者的身体力行。

现在大多数人都不喜欢被纪律约束，如果管理者的行为引起下属的疑虑，会引起他们的反感。因此，身为管理者，必须真正地以身作则，让下属认识到，纪律是必须要实行的，才能让下属信服。

在竞争越来越激烈的今天，想要获得发展，就一定要有纪律保障。面对纪律的时候，领导必须能够身先士卒，带头遵守。这样坚定沉着的精神就会传达给部下，让大家都能够积极地遵守纪律。

身为管理者，不仅要会做报告，在言辞上能够让人人心服口服，更重要的是自己要以身作则、严于律己。因为自己的一言一行、一举一动都在大众目光的监视之下。将自己的行动付诸于事业，可以有效地感动他人。

俗话说得好：行动是无声的教诲。一大堆同情话、亲热语，远不及援一手、投一足的实际小帮助。人是最容易为一些小事情、小恩惠的感情所打动。

孔子曾说："其身正，不令而行；其身不正，虽令不从。"由于某些管理者，特别是高级管理者自身不正，不能以身作则，导致有些地方或单位出现"有令不行，有禁不止"的现象，"己身不正焉能正人"？要"身正"，必须严于律己，加强自身的思想道德修养。

管理者要注重行为的"垂范激励"。作为企业管理者，不管是委派的、选举产生的，还是竞选受聘的，一旦被任命，其手中就拥有了经营管理企业的权力。然而，这并不意味着你的权力已经"合法"。能否获得群众认同的"合法权威"，管理行为产生的"激励效应"是关键。

作为企业的领导者，不能自律，就无法以德服人、以力御人，如果无法取得员工的信赖和认可，必败无疑。优秀的领袖都懂得，要求下属员工做到的事，自己必须先做到。

管理者若想培养良好的自律性，变成下属的表率，最好能参照以下两点建议去身体力行。

1. 乐于接受监督

据说，日本"最佳"电器株式会社社长北田先生，为了培养自我约束能力，创立一套"金鱼缸"理论。他为此解释说："员工的眼睛是雪亮的，领导的所有举动，员工们都看在眼里，假如谁以权谋私，员工们得知后就会瞧不起你。""金鱼缸"式管理就是明确提出管理工作的透明度，管理的透明度越大，将自己放置在大庭广众的监督之下，自然就会加强自我约束。

麦当劳公司一度出现严重亏损现象，公司总裁亲自去往各公司、各部门视察工作，发现了各公司部门的领导大多习惯于坐在高靠背椅上指手画脚。于是他发出紧急指示，必须把所有领导坐的椅背全部锯掉，用来促使领导深入现场发现问题，这一招竟让麦当劳公司的经营状况获得了很大的转机。因为领导与员工们同乘着麦当劳公司这条船，只有平时同甘苦、共患难，紧急情况的时候才会同舟共济。

2. 保持清廉俭朴

作为一位企业领导者，最起码要清楚自己的节俭行为，无论大小都具有非常强的导向作用。管理者的言行举止是下属时刻关注的中心及模仿的样板。

要想成为一个卓越的领袖是相当困难的，不过，清廉俭朴这一点，你最起码要努力做到。

公平公正是领袖的责任

讲公平公正的时候，人们很容易就会想到圣人。因为只有圣人才是无私的，灭自己的"人欲"，去做"存天理"的事情。我们在谈企业领袖的时候，也会谈到企业领袖的道德问题，企业领袖不一定是道德高尚的人，没有人能够站在道德的制高点去要求别人一定要成为高尚的人，高尚的定义本身就有主观主义的色彩。

人生是一个台阶一个台阶往上走的，一般是站在什么台阶上就会有什么样的眼界。这些创业者在获得了自由、尊严和安全感的时侯，自然而然地就会思考自己存于天地间的意义。他会觉得自己完全可以在利己和利他之间找到一个平衡，甚至他们会把自己的后半生全部投入公益事业，使得自己的人生得到圆满。这是领袖们自我意识的进化之路。

很多教条都认为穷人才具有天然的道德感，其实不是这样的，对于企业领导者而言，在拥有了自己的一份事业以后，他就摆脱了金钱的困扰，接下来能够让他觉得荣耀的事情，可能就是为企业创造更大的商业价值。熊彼特说："他们就是创造一个独立的王国，他就是这个王国的国王。"这种事业促进了行业发展，他就为社会做出了自己的贡献。

企业领导者的自我修炼之路不是一条直线。有一些企业家事业做得很大，但是其思维方式依然处于丛林时代，这也是一个社会现实。假如有一位企业老总，他很自私，行为不端，心胸狭窄，那我们很难想象这个企业的员工会服从他的管理。尽管他是老总，我们也无法相信他的管理是行之有效的。古人常说"以德服人"，大概讲的就是这个道理。一位老总如果不能"以德服人",那就定然只能"以权压人",那么这个企业就很难形成一支团结一致、运行有效的团队。

民间有句俗话,叫作"小鬼脸难看"。往往那些真正握有大权、成就了一番事业的领导人,倒反而平易、民主,绝无半点盛气凌人之态。平易似乎成了成大器者的一种必然气质。企业领袖的德行,往往已经融入自己的气质,融入日常行为之中。

联想集团前总裁柳传志曾经在企业内部一个小范围的场合,说他自己最感到欣慰的一件事就是企业发展这么多年,他从来没有失信过。他对员工、对政府、对银行以及合作伙伴说过的联想的目标都一一实现了,尽管其间也有沟沟坎坎,但最终没有食言。

柳传志说这番话时动了真情,那种真情也感染了在场的所有人。实际工作中,柳传志也常常告诫他的部下,尤其是那些他看好的部下,告诫他们向企业申报计划的时候,对这个计划的最终结果做出承诺时一定要格外小心。就好比桥牌选手,喊出多少分就要打出多少分来,绝不能喊出一个高分,打出来一个低分,这样你就失掉了信誉,无论动机如何,结果都是欺骗。

从实际效果来看,总裁的信誉更多的是通过其日常行为日积月累、点点滴滴建立起来的。例如,"开会不许迟到,迟到就要罚站",这是联想集团的一条纪律。柳传志要不要遵守这个纪律?这条纪律是他批准的,自然就是他的承诺,如果他做不到这点,如果他时时以各种各样的理由为自己的迟到开脱,那么他的信誉就会大打折扣。

既然能成为领袖,而不仅是为金钱而生的生意人,那么就要思考金钱本身的意义。企业领导者灵魂的净化过程实际上也是从认识钱开始的,拥有金钱让一个人从容。这种经济基础改变了人本身的思考方式。在创业之初,搏命获取金钱的过程当然不会培育出高尚的品德。这是很多创业家们成为领袖以后,仍然对自己创业之初的过分言行感慨万千的原因。

　　企业领袖不是一天炼成的，领袖的道德感也不是短时间内就形成的，对企业来说，企业领导者的内在道德观会外化成企业的价值观，企业领导者一定要将自己的道德观变成企业商业模式的一部分。

　　之所以企业要创造公平公正的企业环境，目的就是要让人才留下来发展。这是企业领袖道德召唤在企业内部产生的正面作用。一个企业吸引人才主要靠三大因素：一是事业舞台要好，要能够不断成长，才能满足大家的成就感要求，这是根本，如果一个企业的事业不断萎缩，吸引和留住人才就会是一句空话，人总是往高处走的。二是分配政策好，收入不断提高，员工与企业是一个利益共同体，如果企业不断发展，员工的个人收入不能相应提高，吸引人才甚至留住人才也是不现实的。三是领袖魅力，企业事业舞台和个人收入这两个条件都得到满足之后，人要考虑的因素就是愿意接受谁的领导，这是价值观和企业是否匹配的问题。

　　企业领导者在企业员工面前乃至在全社会面前先要有信誉，这就像一个企业在社会上要有信誉一样。否则，人们不信任你，你就无法实现对企业的领导。如果一个企业在外界树立了道德缺失的形象，那么也会被自己的顾客抛弃。所以，不能小瞧企业的道德规范而只顾自己赚钱，否则企业不能基业长青。

施奖勿滥，惩罚必严

　　管理学上言简意赅地说道："企业是以盈利为目的的企业法人。"因此，企业不是事业单位，不是公益组织，更不是慈善机构，企业盈利的每一分每一厘都将成为企业的积淀，企业的每个步伐都将影响企业生存发展的方向。

　　企业在商海中航行，波涛汹涌，甚至惊涛骇浪。有时候，从现实中找不到解决之法，那么不妨翻翻古籍经典，老祖宗也许会留下些有价值的东西。"施奖勿滥，惩罚必严"，这正是老祖宗在 2000 多年前就总结出来的行之有效的管理名言。

　　汉宣帝时期，渤海、胶东一带盗贼十分猖獗，他们四处作恶。汉宣帝派大臣张敞前去治理，张敞向汉宣帝请求必须奖赏那些追捕盗贼有功的人员、严惩盗贼。到任后，他赏罚分明，差吏们个个奋勇追捕，当地治安秩序迅速恢复。于是有了汉代著名政论家、文学家王符老夫子所言："赏罚严明，治之材也。"

　　如果只是简单地咬文嚼字，上述老夫子之言已经清晰讲述了赏罚分明的来历以及其重要性。不过，事物是不断发展变化的，意识也应该随着事物的发展变化而随之进行调整改进。镜头拉回当下，日趋激烈的社会竞争、企业生存以及发展的压力空前加大，甚至如履薄冰。从这个维度上讲，赏罚不仅要分明，还要改变赏罚模式，就如标题所述——施奖勿滥，惩罚必严。

　　其实中国大多数企业都是培养"顺民"的地方。但是，总有那么几个"自由主义者"有意无意中破坏着企业发展的"良辰美景"，给企业的集体环境造成严重的甚至恶劣的影响，甚至因为一些不按照生产要求与规章制度办事的"自由主义者"的存在，而使得企业遭受突如其来的"隆冬"，甚至"雪上加霜"，企业的经济生活严重"消化不良"。正如那句俗语："一粒老鼠屎坏了一锅汤。"

　　用"施奖勿滥，惩罚必严"指导企业建构赏罚观一点都不为过，在当今时代，它特别具有正力量，特别具有可行的必要性与紧迫性。大家可以这样去解读，企业的运营不能遵从传统的"无功便是过"的陈旧思维，21 世纪是一个瞬息万变的时代，也是一个充满刺激与机遇的时代，在如此复杂多变的形势下，企业要获取成功，取得 21 世纪带来的"蜜糖"，就一定要有"法家"以罚为主、以奖为辅的思维。如果企业的每个员工都只是原地踏步，意味着他们将在突飞猛进的时代逐渐落伍，直到企业"行将就木"。所以，对待员工，在奖赏方面应该坚持适度以及保守，而不应该赤裸裸地暴露，在很大程度上，会使员工滋生对奖赏的过度依赖性，进而，员工的利益得不到更大满足的时候，就会消极怠工，这对企业来讲，是极为不利的"黄灯"信号，甚至"红灯"信号。在惩罚方面，严格惩罚制度，能够让员工像一个小孩子一样，懂得不能乱犯错误，懂得惩罚的力度之大，使得每个个体的集体主义责任意识进一步增强，归根结底也能实现员工的力量凝聚。

所以，对于一个企业来说，政策、人才和资金都非常重要，但是企业轻视建设正确的赏罚观的话，再有利的政策、再有量的资金、再有才的员工，都可能会因为赏罚观不明而使得企业"四面楚歌"。领导如果缺少统御四方的领导力，振臂一呼、应者云集的影响力以及促使上下齐心共赴目标的向心力，再优秀的人才、再充裕的资金也会失去意义。

施奖勿滥，惩罚必严。企业在商海中或乘风破浪，或颠沛流离，或举步维艰，不管哪般，都有诸种相似，就是一边忙着搞生产，一边忙着搞市场，一边忙着搞研发，一边忙着培养人才，一边忙着熟悉政策，一边忙着筹措资金，在这样繁重任务的氛围下，呼吸都能感受到那种不能名状的味道。但不管怎么忙，也不要忘记建构科学赏罚观。若一个企业在其科学赏罚观的经营中，上至企业老板，下至生产一线普通工人，都能够根据科学赏罚观，心往一处想，劲往一处使，这种力量犹如火山爆发，势如破竹。企业想衰败都不行，企业想亏损都困难，企业想停止脚步都很难。

广东佛山南海区奥碧施卫生用品有限公司就是这样，对待员工一方面像家人一般悉心照料；另一方面又"铁面无私"、直截了当。例如一个空的纸巾包装盒子假如被发现，包装此盒的员工就会被处以 100 元的罚款，而对于发现包装者只奖励 20 元。罚大于奖，很大程度上，就是要纠正部分员工的不负责任的态度以及对公司发展漠不关心的态度。据调查，惩罚大于奖励的惩罚观刚开始受到很多员工抵制，但是经过一段时间的实施，公司动之以情，晓之以理，使得员工们对此表示出了坚定的支持与拥护。由此可知，奖惩制度建设力度的重要性可见一斑。

这里还有一个不得不分享的故事。

众所周知，"在家靠父母，出门靠朋友"，而在外打拼者总会对老乡有种比较强烈的亲切感以及依赖感，一家企业对于通过老乡介绍进来的新员工也表示比较理解与支持，有一种说法叫"有情总被无情伤"，企业老板好心让一堆老乡在一起干活，但在一次大家忙得热火朝天的时候，车间却发生了两大老乡群体吵架的事情，之后就是大范围的群架，不仅严重阻碍了生产，还破坏了公司很多机器设备，企业对于这种恶性的群体斗殴事件，先报警，接下来依据公司的惩罚规定，予以每人处罚高达20000元的决定。高压性的惩罚力度，一方面，可以防止恶性事件的再度发生；另一方面，可以有效实现员工对公司的各种产品特别是生产设备的爱护，对于公司的安全、有效、健康运营起到至关重要的作用。

建设科学惩罚观如此迫切、重要，那么"施奖勿滥，惩罚必严"就要像我们喝营养品一样，从个体到群体去消化，去烂熟于心。作为企业的"大脑"——老板以及管理高层，更应该清晰地拨开管理的迷雾，扫清管理路上的尘埃，建设"干净、透明、合理"的企业科学赏罚观。一旦用模糊代替清晰，就像一群蒙眬睡着的小孩子玩捉迷藏，企业的发展后劲就没有任何保障了。因此，可以庄严地宣告：上至老板，下至员工，都应该"施奖勿滥，惩罚必严"，这不是一句口号，不是海上泡沫，而是实实在在落到实处的企业"圣旨"，每个人都不能亵渎"旨意"。

从长远来看，企业的稳步推进，除了在资金、技术、人员、市场、设备等方面的构建完善，更不能忽视的是，必须扎实强化上至企业老板，下至每个员工心坎上的科学惩罚观——施奖勿滥，惩罚必严。

深入群众，和员工多一些面对面的交谈

很多领袖人物都能深入群众，和基础员工面对面地沟通与交流。

有些人一旦坐上了领导的高脚椅，屁股还没坐热，就恨不得忘记自己的出身。于是乎，不再愿意回到下属们的队伍里和他们面对面地谈谈工作，聊聊天。这样的领导，自我感觉"范儿"很足，可实际上却会让下属产生领导不够亲民的认识，长此以往，下属有什么想法也不便及时提出来，或者干脆就不想提。

这样下去，领导就难以得到第一线信息，无论是制度制定，还是工作安排，或者员工管理，都可能更多地根据自己的主观判断来行事，这样显然对工作进展和协调上下级关系极为不利。

所以，要想避免这一点，管理者们最好还是深入群众，多和下属进行面对面的交谈。作为领导要始终记得，面对面交流，就会随时随地发现问题，这样解决起问题就更为有效。具体来讲，可以借鉴下面四种方法：

1. 多一些询问，多一些了解

素有"世界第一 CEO"之称的杰克·韦尔奇能说出 1000 名高级管理人员的名字和职务，熟悉公司 3000 名经理的表现，他说："我每天都在努力深入每个员工的内心，让他们感觉到我的存在。即使我在很远的地方出差，我也会花上 16 个小时与我的员工沟通。我 80% 的工作时间是与不同的人谈话。"应该说，时刻关注员工的内心，及时询问他们的工作状态，是杰克·

韦尔奇的沟通方法之一。

作为管理者，要知道，即使再出色、再得力的下属也难免会有情绪低潮、提不起劲儿、无法完成工作任务的时候。遇到这种情况怎么办？是按照所谓的制度将其狠狠地批评，扣工资，还是坐下来和他好好谈一谈，看看到底是哪里出了问题？如果是前者，领导直接问下属"你怎么会做这种事？到底是怎么回事？"这会让下属感到委屈，进而滋生抱怨和不满；如果是后者，领导听下属说出实情，道出心中的不满或者意见，管理者就可以有的放矢，找出解决之道。

楚志刚负责的部门新来一名大学生严邵雨。让大家感到不解的是，严邵雨脸上一天到晚都不见一丝笑容，也从不和同事们打招呼。为此，同事们暗地里给他起了个外号——"言少语"。大家也都有意疏远他，尽量避免和他有什么交集。

可是严邵雨对此却是满不在乎的样子，依然如故，我行我素。这一切都被楚志刚看在眼里。作为一名富有经验的管理者，楚志刚凭直觉认为严邵雨肯定有难言之隐。基于此种判断，楚志刚便处处留意观察，并利用一切机会接近他。每天上班时，楚志刚总是热情招呼他，每次下班，也不忘问他一句："怎么样，晚上有什么活动？"

日子一天天过去，楚志刚锲而不舍的行动终于融化了严邵雨，他向楚志刚吐露了自己的苦衷：他刚失恋，痛苦得不能自拔。听完他的倾诉，楚志刚语重心长地开导他说："生活并没有对你不公，关键是你没有战胜自己的不良心态，失恋对你来说固然是个打击，但一切都可以从头开始呀。难道一辈子躺在这个阴影下面不出来吗？你可以不善待你自己，但你应该善待别人，尤其是你的同事，为什么要把你的不快带给别人呢？"经过楚志刚一番耐心而热情的开导，严邵雨终于茅塞顿开，从此解开了缠绕在心头的疙瘩，以崭新的精神面貌投入工作，每次见到同事也都热情有加了。

俗话说，人心都是肉长的。如果管理者能够真诚地关心、爱护自己的下属，下属自然会被感化，心里的坚冰也会一点点消融。面对上司的关爱，他们自然会心情舒畅，工作效率也必然会大大提高。所以，是否要走到下属中间，多观察和询问他们的情况和所遇到的困难，这笔账就需要管理者们好好算算了。

2. 多一些激励，多一些赞扬

年轻的下属通常都有一种敢作敢当的勇气，有"明知山有虎，偏向虎山行"的冒险精神，他们干劲十足，锐不可当，但由于他们阅历少，缺乏工作经验，一旦受到打击，就可能精神颓废，一蹶不振。所以，智慧的领导者要尽可能地让他们燃烧工作的激情，多肯定和表扬他们，这样他们就越干越有信心，越干越有冲劲。

3. 拒绝突如其来的要求时要婉转

有些时候，管理者难免会遇到下属提出一些突如其来的要求。这些要求合情合理，让人无法拒绝，可是由于形势所迫又不能立马批准，这时候领导万不可生硬拒绝，而应该把"不"说得婉转一些。

一天，某服装公司仓库部主管冯凯就遇到了类似的事。那天下午，冯凯非常忙碌，可一个女职员突然要求请假，因为她家新房子的家具马上送达，自己必须回去验收。

面对这样的情况，如果冯凯断然拒绝会伤害下属的感情；勉强同意又会影响公司的工作。这时，冯凯就拿出了沟通的本事，把不良后果降到最小。他这样对下属说："我知道，你们的新家具如果进不了门，放在外面会让人担心。所以，但凡有可能，我一定让你回家。可现在的问题是，一个大客户待会要来拉一大批货物，这些事情需要你来负责。你是我的得力助手，应该明白我的苦衷吧。你看这样行吗？你现在先给家具公司打个电话，麻烦他们明天再送，那时候我们已经打发了客户，我保证会给你足够的时间来处理家里的事。"

女职员听领导这么一说，很痛快地答应了。

其实，这样说有三个好处：一是下属明白了领导没有完全置自己的要求于不顾，确实认真考虑过了。二是下属知道了领导不批假的原因，公司确实有很重要的事，即使自己去验收家具了，心里也会惦记这边的工作。三是从领导口里听到"得力助手"几个字，下属肯定深受鼓舞。即使这个答复不能百分之百满意，下属也不会在心里结下疙瘩，相反会更加专心卖力地投入工作。

4. 增强亲密度

亲密度是指与下属融洽、亲密的关系（当下属感觉到冰冷、疏离时，信任就被削弱了）。亲密度的提升关键在于沟通。沟通是一个领袖必备的基本素质。王石说："我是个职业董事长，我领导万科的秘诀，就是不断地交谈沟通——与投资人、股东、经理层和员工。"

高效沟通应包含以下三个要素：

（1）要言为心声，饱含情感。常言道："群众基础要打牢，天天要往地头跑。"领导者要学会走群众路线，"从群众中来，到群众中去"，应用谦和的态度、朴素真挚的语言展示亲和力，以情动人，赢得民心。胡耀邦曾经说过，对领导干部来说，最大的危险就是脱离群众。

（2）要换位思考，增强同理性。常言道："要想知道，打个颠倒。"在与下属沟通的过程中，要以一种平等的姿势换位思考，倾听下属内心真实的声音，增强同理心，对下属的感受和立场表示关怀。当下属遇到挫败时，要给予包容和勇气，关心下属的人际关系和成长；当下属表现良好时，要及时给予认可。

（3）多用赞许，少用批评。赞许比批评更有效，有时具有难以置信的力量。人们有时将一个赞许他的领导看得比金钱、职位更重要。领导者不要吝惜自己的赞美，多说"干得不错"，这样，不仅能对下属的工作产生积极的激励作用，还能拉近领导与下属之间的距离，从而产生更亲近的感觉。比尔·盖茨有一句口头禅"That is good"，意思是不错，要继续努力。

当然，与下属保持密切关系，并不是要与下属"零距离"，要学会运用"刺猬法则"，掌握一个合理的度，保持与下属之间的适当关系，既不能高高在上，也不能把自己完全混同于下属，彼此不分。"刺猬法则"指的是这样一个有趣的现象：两只困倦的刺猬由于寒冷而拥在一起，但因为各自身上都长着刺，刺得对方怎么也睡不舒服。于是，它们分开了一段距离，但又冷得受不了，于是又凑到一起。几经折腾，两只刺猬终于找到了一个合适的距离，既能互相取暖又不至于被对方扎伤。

第九章 公平之道——避免独裁，不能把个人的利益摆在组织之上

独裁式的管理模式，会严重制约企业的发展。作为领袖，不应该独断专行，更不应该把个人利益凌驾于组织之上。而应当好好运用手中的权力，做到真正的公平公正。

老大不要一手遮天

可能是因为看了太多影视片的缘故，很多人潜意识里很容易把老大和一手遮天画上等号，好像不耍弄权势、不一手遮天就没有做过老大一般。有的人还心怀鸿鹄大志："啥时候一定要弄个老大当当，过过一手遮天的瘾。"

做了老大，就一定要一手遮天吗？事实上，在商业环境中，很多企业的跌宕起伏与荣辱成败已经很有力地证明了老大并不一定要一手遮天，一手遮天的也许是个企业主，但一定不是个好的领袖。有多少企业主试图仗着自己的"老大"身份玩弄权势，一手遮天，想尽各种办法控制员工、指使下属，结果却"赔了银子又折兵"，不只气走了重要的"当朝元老"，还把企业搞得奄奄一息、岌岌可危。

· 173 ·

　　成立于 1993 年的中央直属大型国企——中国航空油料控股公司新加坡子公司就差点儿毁在时任总裁陈久霖的手中。要说陈久霖，也不是一无是处；相反，他还非常有领导魄力。新加坡公司因为业务单一和其他原因，原本已经濒临破产，可是在总裁陈久霖的妙手救治下，新加坡公司不但起死回生，而且因为工贸结合以及国际化业务拓展战略的实施，净资产由 1997 年的 21.8 万美元增长了 700 多倍，2003 年又创造了超过 1 亿元的净资产值，总资产近 30 亿元的峰值传奇，一度成为资本市场的"明星"，被新加坡国立大学 MBA 教学案例收录、荣获"2002 年最具透明度上市公司"等桂冠。

　　但可惜，陈久霖是个萧何式的人物，他能让企业起死回生，也能将企业送到毁灭的边缘。2004 年，中国航空油料控股公司新加坡子公司在高风险的石油衍生品期权交易中亏损了高达 5.5 亿元的巨额资金，走向了破产边缘，创造了继巴林银行破产以来最大的投机丑闻。当然，形势直转而下，既有市场和环境方面的原因，也有内部控制的原因，但陈久霖作为企业的领头羊必然难脱干系。

　　不得不承认，中国航油控股新加坡分公司能够改变之前的颓势，一路高歌直奔市场明星而去，是因为陈久霖。但是，也不得不说，中国航油控股新加坡分公司 2004 年的巨额亏损、破产危机以及投机丑闻，也是因为陈久霖。

　　可以说，中国航油控股新加坡分公司一直是陈久霖一人的王国。最初公司只有陈久霖，之后集团公司发现这样可能会造成一人独大，也曾派出了党委书记和财务经理去做监军。党委书记在新加坡的两年内从未发现陈久霖从事场外期货投机交易。而财务经理的命运似乎更为坎坷：第一任被陈久霖以外语不好这一罪名发配到旅游公司做经理；第二任则被陈久霖莫名其妙地拴在了总裁助理的职位上。真正担任财务经理一职的是陈久霖从新加坡雇来的并被其牢牢控制于股掌之间的一名当地人。陈久霖的精明让他同时拥有了授权、执行、检查与监督几项关键大权，提前扫清了场外期货投机交易的种种障碍，之后又一手遮天，企图瞒天过海，结果却一败涂地。聪明反被聪明误，陈久霖搬起石头，不仅砸了自己的脚，也砸了公司的聚宝盆，让公司瞬间又回到"解放前"。

企图一手遮天，最终却弄了个灰头土脸、一败涂地。可是这又怪得了谁呢？

一手遮天的人中可能也有成功者，但并不是能笑到最后的那个。例如，统治风格有些厚黑色彩的曹操。他爱才，也渴望招揽人才，但他也恨才，最见不得部下比自己聪明、比自己能干，一旦发现下属有一丁点要超越自己的端倪便毫不怜惜，恨不得杀之为快。可是，正是在这样一种恐怖氛围下，刘备借着一声天雷逃出了曹操的图圉，在蜀地建立了政权与曹操的北汉相对。而司马懿不仅逃出了曹操的图圉，还借着曹操的资源，夺了曹家的江山，最终赢了整个天下，成为三国时期唯一一个笑到最后的大赢家。

很明显，要做老大，或者说要做一个令下属心悦诚服、甘愿鞍前马后誓死追随的领袖人物，靠的并不是如曹操一般的血腥打压和强权控制，而是一种作为老大的魅力和影响力、一种精神层面的向心力和吸引力。

领导有领导的圈子，下属有下属的天地。很多时候，企业领导者还是想有一番作为，但却糊里糊涂被个小虾米坏了大事。所以，想要一手遮天的也许并不是最高领导，恰恰是中层领导，如前文所述的陈总裁，虽是总裁，可只是一个分公司的"王爷"，他上面还有集团公司。一手遮天，瞒天过海，这里所谓的"天"更多时候指的是公司的最高领导层。

作为企业领袖，在保证自己不一手遮天、玩弄权势的时候，还要保证中层领导也能"守身如玉"，不"暗度陈仓"。

很多人愿意把领袖比作太阳。而对于太阳来说，最忠实、最虔诚的粉丝莫过于向日葵：太阳在哪，向日葵就把头朝向哪个方位。从生物学讲，向日葵之所以会因为太阳的方位而调整自己的朝向，那是植物的需求，就像根系发展需要水分，就自觉地朝着湿润的土壤深入一样，它需要追随太阳才能获得足够多的阳光以维持生长。当然，植物的生长也需要风雨的磨砺，植物才能够长得更加强劲、耐旱，不至于一点微风便被吹折了腰，吹跑了根。

如果撇开"流氓文化"和"黑道文化"，"老大"这个称呼应该也是一种尊敬和权威的合体，是一个与"领袖"有着同样丰富内涵、同样重大意义的称呼。作为企业主，作为老大，就应该培养自己这种太阳属性，让员工像向日葵一样不自觉地追随，不自觉地虔诚、崇拜，不自觉地将其作为自己发展的坐标和榜样，让自己拥有风霜雨雪一样的威严。

借助权力的硬性掌控和魅力的自然牵引，看似相悖极端，但却相互依存。植物要生长，离不开太阳，也离不开风雨，真正的领袖能够很好地协调这两者的关系，对下属形成一种拉力和推力，让下属离之不忍、弃之不舍，却也不至于因为老板是"老好人"而恃宠而骄，做出伤害老板、损害企业的荒唐事来。

那么，作为企业老大，要学会控制好太阳与风雨的比例，一方面，培养自己的领袖气质和魅力，修炼自己的定力，不去做那一手遮天的春秋大梦，给下属展示的空间和发展平台；另一方面，也要防止中层领导一人独大的局面，把中层领导的瞒天过海和一手遮天的错误观念扼杀于摇篮之中，控制于权力监管之下。

有人说，要做领导就要懂得做一条射线和直线，而不是一条线段。既然企业中存在着大大小小的圈子，企业主就应该利用好这些圈子。领袖们可以在不干涉每个圈子的自由的前提下，通过控制圈子的核心领导来上传下达，带动整个企业的良性循环。

别做"一言堂"堂主

我们非常熟悉一句俗语："是药三分毒。"其实，世间有三分毒的又何止药呢？

权力，一直是人们争夺的对象；该集权还是分权一直是政治界和经济界热议的话题，而且从古代的君臣矛盾到今日的权力之争，从来就没有一个确定的答案。虽然没有确定答案，但大多数人习惯于相信这样一种观点：若没有权力，虽说无事一身轻，可一旦出事却没有任何具有分量的必胜筹码，常常让人们陷入遇事无甚可依的尴尬。于是，人们陷入了疯狂的追权、夺权斗争中，都想体会一把身处权力制高点时俯瞰群雄、一手遮天的瘾。结果优胜劣汰，权力越来越集中于强者手中，强者便有了一统天下、藐视天下群雄的筹码。

很多企业家崇尚集权，强调领导者至高无上的控制权，认为高度集权可以让企业上下齐心，政令统一，便于总公司统一目标的完成，也能够降低行政管理成本，降低公司经营风险。这么多的优势，让国内很多企业都崇尚这种集权管理模式。

可是，很多公司却因为过分集权而不幸中弹，成为商战中可怜的负伤者和失败者。

例如，劳勃·盖尔文担任摩托罗拉公司董事长时期，崇尚一种集权制管理，将公司的各种权力牢牢地控制在自己手中，大到企业战略，小到芝麻绿豆的事情，他都要履行他作为一个董事长的权力。而摩托罗拉内部也受到家族经营传统的影响，家长集权管理暗流涌动。在他的管理下，公司政令是统一了，管理成本也不算太高，可是摩托罗拉的发展却因为家长主宰的暗流和过分集权而问题百出，发展缓慢，像是一个奄奄一息、蹒跚前行的垂暮老人。

按说高度集权管理模式能够被人们认可，能够在一定范围内得到应用，应该是经过了实践检验的正确理论，也不是一无是处，为什么却偏偏不适用于劳勃·盖尔文主宰下的摩托罗拉？

物极必反，乐极生悲，任何东西超过了一定的量就会朝着相反的性质发展。集权自有分权管理模式不可比拟的优点，可是当集权程度过高时，集权的优点便会逐渐隐没，而副作用便会越来越明显了。

企业组织发展，就像人的少年、中年和老年一样，根据其发展规模和组织规模分为不同的阶段。规模较小时，企业发展需要英雄式的管理者，敢想、敢干、不畏风险和失败，能够带领企业员工拼出一个相当不错的未来。当英雄做企业领导的时候，高度集权会因为英雄本身的能力而充分显现出优越性，而过分的集权也不会导致因管理者能力不足而影响企业发展的困窘局面。

所谓集权，说白了，就是将公司权力集中于一个或者少数几个具有绝对领导权的企业管理者手中。如此，管理的质量会在很大程度上受到集权者管理能力、领导能力、市场眼光、危机意识的限制和影响。倘若集权者的能力驾驭偌大的企业之船，能够掌控其顺利渡过暗礁险滩，基本上可确保企业无虞了。但是，倘若集权者本身就是个看热闹的门外汉，企业就会因为他的能力问题而跟着倒霉。

随着组织规模的不断扩大，英雄的个人能力再强，也已经无法再掌控如此庞大的企业机器，因此，高度集权的种种弊端也会逐渐表现出来，对企业的推动作用也会逐渐转化为阻碍作用。

高度集权的弊端主要体现在对决策质量和组织效率的影响上。

先谈大规模组织集权管理下的决策质量。组织规模大了，领导的层次设置也会逐渐增多，最高领导与基层员工基本是天南地北，若不是集团开会或者其他原因，有可能上班一年的员工都没见过总裁。高度集权下，只有最高领导才有决策权，倘若基层出现了问题，需要基层报中下层，中下报中上，中上再报最高，这样五关六卡地到了领导面前，已经是过时的信息。领导再根据过时信息做出决策，又层层传递到基层的时候，黄花菜不知已经凉了多久。如此决策，又怎敢奢谈质量，奢谈及时解决问题呢？

再说组织效率问题。企业是社会的细胞，其发展和成败都与社会环境息息相关，而且会随着市场经济的不断成熟而联系更加紧密、复杂。这就需要企业组织不断依据环境的因素变化调整组织结构。但是过度集权下，企业一把手大权独揽，一个决策都会因为关卡重重而延误最佳时机，更别提组织的动态调整和更新了。所以，越是集权的企业，越容易牵一发动全身，越容易拒绝改变，越习惯于按部就班，保持原样，哪怕企业组织已陈旧不堪，问题百出，也只能看着它一步步走向深渊而无动于衷、无能为力。推崇恐怖统治的清政府不就是这样消失在了历史的滚滚车轮中吗？

其实，在经济环境中，受集权副作用所伤的并不只有摩托罗拉一个企业。国内很多家族企业因为强烈的家长式集权管理模式受伤、毁灭。他们在短时间的胜利面前变得独裁专行，独裁的管理模式让他们更加一意孤行，无法听进下属的建议。可是，自己决策的结果只能是决策的失误与人心的离散，最终他们不得不为失败的结局埋单。

倘若管理者总是独自制定决策，在员工提出建议时根本不屑一顾，最终只能将自己逼成"一言堂"的堂主，彻底失去员工的信任。员工的积极性被大大地挫伤，自然会产生对抗情绪，即使管理者想要征求意见，也会反应淡薄。而且，管理者将制定决策的大权全部揽在身上，就会让员工缺失责任感，反正是由管理者一手制定的策略，成功与否都是管理者一个人的事。如此一来，在执行决策过程中，员工也会敷衍了事，将责任重担全部施加到管理者一人肩上，还会使员工的积极性与主动性快速降低，严重削弱了整个组织的竞争力。

现在，尤其是在企业规模不断扩大的情况下，企业面临的不确定因素也在逐渐增加，仅靠管理者一个人的智慧做决策会出现许多局限性，如果不发挥集体的智能与热情，往往会将企业推到危险境地。独裁式的管理者不但不能得到员工的拥戴和欢迎，而且不可能为企业创造更多的剩余价值。所以，要成为领袖就要摒弃独裁式的管理模式，不管对于调动员工的积极性，还是对于促进企业的发展，都是很有必要的。

扮演导师、教练和服务员

在员工的创造性与热情为企业创造越来越多财富的同时，管理者的管理理念应当体现在如何为员工的成长服务，而并非如何向员工发号施令。换句话说，就是管理者要扮演导师、教练以及服务员的角色。说到底，员工个人的成功也意味着企业的成功。所以，管理者更多的工作不是控制与监督员工工作，而是让他们自主成功，并为他们提供尽可能多的帮助。

在微软公司，管理者倡导主人翁意识，所有员工都能够成为一个虚拟团队的"Owner"，如此一来，每一个员工都是领导，团队成员获得了自我管理。而企业中的管理者就转变为"Owner"的教练，向所有员工提供服务，帮助他们更快地走向成功。高级经理们不要总说"你应该做什么"，而是要问"我能为你做什么"。由此可见，在知识经济时代，管理理念应当是更好地服务员工，而不是干巴巴的命令与指示。

在现代企业管理当中，管理者应当在工作中更多地融入轻松、柔性、温情以及激励的成分，才能获得员工的支持与拥戴，充分调动起员工的工作积极性，实现员工的自我价值。现代市场环境存在着诸多复杂的情况，如果仅靠管理者的分配进行工作安排，就可能出现许多没有明确归属的工作，而这些工作一旦不能及时处理，就会使组织内部出现这样那样的冲突和矛盾。所以，管理者的独裁式管理早已无法满足社会发展的需要。如果想使企业内部各部门之间工作协调，不能只是靠预先安排工作，而应该最大限度地调动起员工的自主性，这更多的是依靠管理者的激励来实现的，而并非命令。

美国通用电气公司被称作是 CEO 的加工厂，就是源于其管理者把"为员工成长服务"看作是企业管理的关键所在。著名的企业管理家杰克·韦尔奇就是这家公司的杰出人才。而杰克·韦尔奇本人也认为他一生的成就在于培养人才，他认为美国通用电气公司是一家由许多杰出人才管理的公司。而他最大的功劳就是物色到这些杰出人才，并且让这些杰出人才在这里进一步成长起来，并能如鱼得水。

杰克·韦尔奇崇尚管理者应该注重领导能力，他强烈反对美国企业界长期以来形成的监视或控制的独裁式管理，而采取积极的领导、激励以及授权，充分调动起员工的热情与活力。他花费大量时间用于帮助员工成长，从而培养出了许多领导人。在这种充满活力、为员工创造更大发展空间的管理方式下，美国通用电气公司也取得了巨大的成功。

总而言之，员工成功才能促使企业成功，企业管理者若想成为领袖人物，就应该更多地为员工的成功服务。

权力的真正作用在于为下属扫清工作障碍

管理者要从独裁式管理转型为员工的成长服务，并不是容易的事。习惯了高高在上、对员工直接下达命令的管理者，很难在短时间内变得温和起来。但是，为了充分调动员工的工作积极性，激发员工的工作热忱，使整个组织能够高效运转起来，促进企业的大力发展，管理者就有必要转变自己的旧有观念。

有时候，管理者之所以看起来那么高高在上与独裁专断，原因是他对自己的权力缺乏正确的认识。他认为自己花钱雇用员工，就有对员工发号施令的权利，而员工为了获得工资付出劳动，这是天经地义的事情。但是，管理者应该明白的是，从某种意义上而言，是员工赋予管理者的权力。是员工的积极劳动实现了管理者的管理理念、决策的顺利执行，假如缺少员工的认真执行，管理者的决策就会沦为一纸空文。因此，管理者并非是凌驾于员工之上的特殊存在，而是为了使自己的决策能够更好地执行下去而对员工提供服务的。员工努力工作，才能为企业创造更多价值，管理者的管理也才能得到更好的体现。

管理者要想运用手中的职权为员工更好地扫清工作障碍，就有必要掌握协调的艺术，使员工之间加强合作，破除阻碍员工提高工作效率的诸多不利因素，并且在实际行动中时刻提醒自己要贯彻实施。

首先，在员工刚参与公司工作时就要与之建立起和谐的关系。很多公司用来迎接新员工的仅是一本枯燥的员工手册。手册中密密麻麻地注明了什么不能做，倘若做错了会受到怎样的惩罚。这样警告式的管理方式让新员工刚进入公司就感到了强烈的束缚与控制，这会让他们在工作中小心翼翼，生怕一不小心就会犯下大错，当然也就不可能发挥出员工的积极性和创造性了。

管理者要做的是：在员工进入公司的那一刹那就让他尽可能地弄明白企业的目标所在，并让他清楚自己应尽的责任与义务，还有公司对他的殷切期望。这样就会让员工清楚地明白他应当做什么，进而产生一种亲切的归属感。当他知道所有团队成员都在为了一个共同的目标而努力奋斗时，而他也即将为这个目标而贡献出自己的一份力量时，就会爆发出强烈的工作热情，而不是先被员工手册中的规则恐吓住，乃至于故步自封。

其次，就是要清楚员工对于自己的工作或公司有哪些期望。那些独裁式的管理者通常不会主动关心员工的内心期望，他们认为员工无非是想要升职加薪，但管理者不可能让人人都得偿所愿，他自然会根据工作业绩对员工进行公平合理的奖惩。实际上，这种漠视员工期望的做法让员工与管理者之间的距离拉得更大了。假如管理者不能尽快地对员工的期望有所回应，就可能造成两者之间不可调和的矛盾。曾经有一个企业的业务骨干忽然找到他的主管提出辞职的要求，因为他认为他的工作无法得到足够的尊重与认可，他看不到自己的发展前景。他的主管对他的举动感到非常惊讶，因为他在不久前的一次会议上刚刚向上级提议让那个员工升职，但是他对这位员工并未有所表示。最后，主管只能遗憾地看着那个业务骨干离职。即便员工的期望得不到满足，管理者也应该及早地告知，因为员工期待的时间越久，得不到满足的失望感就会与日俱增。

除此以外，管理者还应该注意的是，哪怕不能实现员工的期望也应该委婉地说明，而不能欺骗员工或使用尖酸刻薄的字眼浇灭员工的希望。

最后，就是在员工犯错的情况下，管理者不应当只是严厉地训斥他们，而是应当积极地协助员工纠正错误。要给员工改过自新的机会，这样员工才能迅速得到成长，积极性与主动性才会提高。倘若管理者一味地训斥员工，或者抓住员工的错误不放手，就会挫伤员工的积极性。

要想彻底打消独裁式的管理模式，在纷繁多变的环境中实现有效的管理，管理者就要尽最大努力帮助员工获得成功，为员工积极工作提供最好的服务。这样，员工的潜能才会得到充分的发挥，企业也能得到更好的发展。

不必躬亲，学会合理授权

作为领袖，主要职责就是领导手下的员工，让工作井然有序地进行，按期完成公司分配的任务。一个合格的领袖不必事必躬亲，单挑大梁，自己完成所有的工作，正确的做法应该是：善于授权，将权力下放，让每个下属都有事可做。

前几年红极一时的职场小说《杜拉拉升职记》中的女主角杜拉拉有两个管理方式截然不同的领导，一个是紧握权力不撒手，唯恐杜拉拉威胁自己职场地位的行政经理玫瑰，另一个则是充分授权给下属的人力资源总监李斯特。

起初，杜拉拉在玫瑰手下工作时，事无巨细都要一一请示汇报，然后才能执行。这样的结果就是杜拉拉做起事来瞻前顾后，缩手缩脚，工作能力也没有明显提高，为此她郁闷不已。

待到玫瑰暂时离开公司后，杜拉拉直接归李斯特管理，李斯特的管理方法很人性化，进行一项工作前，杜拉拉只要和他进行简单的沟通，他就放手让杜拉拉去做，在这样的管理方式下，杜拉拉充分发挥了主观能动性，工作能力大大提高，成为李斯特的得力干将。

看看我们周围，像李斯特这样的管理者并不多见，相反，像玫瑰一样喜欢大权在握的管理者却很常见。

这样的管理者或许认为凡事只有自己过手才放心，才能做好。实际上，这种做法对于下属及整个团队的成长极为不利。对下属来说，不敢施展手脚，就像杜拉拉在玫瑰手下工作一样缩手缩脚，这样的局面下，即使有才能也未必施展得出来。而团队是由一个一个下属组成的，如果大家都这样，团队还有什么发展可言？

　　另外，领导们也要清楚，一个人的精力是有限的，成功的人却能用有限的精力做出无限的业绩来，事必躬亲的领导虽然把有限的精力耗光，收获却往往少得可怜。

　　祁国庆是一家公关公司的经理，他每天要面对数不清的文件，还要经常接待各种各样的客户。他经常抱怨说自己要多长一双手或多长一个脑袋就好了。很明显，祁国庆已感到疲于应付。曾经他也考虑过添加个助手，或者将权力下放给下面的客户部负责人和媒介部负责人，可最后还是刹住了自己的一时"妄想"。因为他认为这样的结果只会让自己多看两份报告，与其如此，还不如自己亲力亲为。

　　上至公司中层管理，下至普通员工，都知道经理将权力掌握在自己手里，公司每项工作都需要经理自己安排，所以他们每做一件事都在等待经理下达指令。于是，公司里常常出现这样一幕场景，祁国庆刚走进办公室，门口就有好几名下属排队等候签字，或者询问什么该做，什么不该做。

　　终于有一天，祁国庆忍无可忍地告诉几位中层管理者，让他们自己拿主意，尽量不要凡事都找他。刚开始，大家都不习惯，因为他们已养成了奉命行事的习惯，而今却要自己拿主意、做决定，他们有点不知所措，但这种情况没有持续多久，公司就开始有条不紊地运转起来，下属们的决定是那样及时和准确无误，公司几乎没有出现什么差错。

　　祁国庆也开始真正有了"一家之主"的感觉，这时他才体会到自己是公司的经理，而不是个什么事都包揽的"老妈子"。

　　由这个案例，我们可以看出，高度的集权管理只会使管理者筋疲力尽，使公司运行缓慢。好在故事中的祁国庆终究还是开窍了，他大胆下放自己手中的大部分权力给各主管以及每一个员工，给他们充分发挥自己优势的机会，这样做，非但他担心的状况没有出现，反而每个人都可以各显其能了。

《淮阴侯列传》里有一段话：上问曰："如我能将几何?"信曰："陛下不过能将几万。"上曰："于君如何?"信曰："臣多多而益善耳。"上笑曰："多多益善，何为为我擒?"信曰："陛下不能将兵，而善将将，此乃信之所以为陛下擒也。"韩信所谓的将将，简单一点来说，就是合理授权。在这方面，西汉名相陈平是很好的典范。

有一天，汉文帝问陈平，全国一年共审了多少案件？财政收支有多少？陈平答道："这些事有专人主管。"汉文帝不解地问道："谁主管?"陈平答道："皇上若要了解司法问题，可以问廷尉；若要了解财政收支，应该问治粟内史。"汉文帝有些不悦地说道："你把所有的事情都交给别人去管，那么，你这个丞相管什么?"陈平笑着答道："丞相者，上佐天子，理阴阳，顺四时，下遂万物之宜；外镇抚四夷诸侯，内亲附百姓，使卿大夫各得任其职也。"汉文帝听后，连声称赞。

由此看来，为领袖者敢于放权，促使下属全都积极行动起来。他们会充分利用自己手中的权力，把工作完成得更完美、更有效率。所以，领袖人物就应当大胆放权，这不仅不会动摇自己的位置，相反，只会使你的位置更加牢固。这难道不是有百利而无一害的事吗？

有专家曾发表过这样一份资料："管理者80%的工作都是可以授权的，诸如日常事务性工作、具体业务工作、专业技术性工作、代表其身份出席的会议、一般客户的接待等。管理者本人只需做诸如企业发展战略决策、重要工作目标的下达、人事的奖励与惩处和员工的规划与晋升等20%的工作。"

成为领袖，就应该以身作则，但不必事必躬亲，否则，自己忙得不可开交，下属却得不到应有的锻炼和成长，企业的发展也必将受到很大限制。

甲、乙两家公司都想得到跟某大型电器公司合作的机会，而电器公司只能选择两者中的一方合作。公平起见，电器公司将相同的任务分别交给两家公司，让其分别完成，完成质量较好的一方能够得到合作的机会。

甲公司的项目管理者接到任务后，立即制定了详细的实施方案，并认为这项任务十分重要，每一个环节都应当亲力亲为，不能有半点疏忽。于是他便加班加点，独自埋头于这项重要的工作。在实施的过程中遇到了一些麻烦，任凭他绞尽脑汁，也没有想出更好的解决方案。几天下来，这位管理者明显憔悴了许多，而这项任务的完成效果却并不理想。

乙公司的管理者接到任务后，也立刻在脑袋里形成了一个实施方案，但他没有马上执行，而是召集下属开会，与下属一同探讨。他的下属觉得管理者能让他们参与这项重要的任务，是对他们的信任，于是，心里充满感激的下属们决定要尽心尽力地协助管理者完成这项任务，并在会议上提出了很多具有建设性的建议。管理者综合了一些好的建议，并将一些具体工作分配给下属完成。几天之后，这位管理者与下属一同圆满地完成了这项任务。

结果可想而知，乙公司最终顺利拿到了与某大型电器公司合作的机会。

有些管理者喜欢事必躬亲，"一竿子插到底"，当然，这种工作风格在特定情况下还是值得肯定的，但如果长此以往，就会产生极大的危害，不仅会使正常的工作秩序受到影响，还会阻碍下属能力的提高，自然也就不利于工作的高效完成。

有人曾做过一个很形象的比喻："一个部门好比是一台计算机，管理者是这台计算机的中央处理器，员工是各种零部件。要想让这台计算机能够准确、高效地运转，只靠管理者这个中央处理器是远远不够的，它需要各个零部件都按照自己的程序良好地工作，发挥各自应有的作用。"这充分说明了授权在管理中的重要性。

既然授权、放权如此重要，那么，优秀的领袖该如何授权呢？

1. 信任是授权的前提

俗话说，用人不疑，疑人不用。举个例子：当一个老司机坐在一个新手的车里时，老司机往往比新手还要紧张，不是担心对方方向盘掌握得不好，就是担心对方油门踩得不好。而同样的问题也存在于教练和学生中间。然而，不给新手亲自开车的机会，新手又怎么能变成老手呢？因此，当管理者给下属授权时，应当充分信任下属，这样不仅能增强下属的信心，提高成功率，还能让下属有被重视的感觉，避免愤怒、厌烦等不良情绪的产生。

2. 选好对象

有效授权最关键的一步，就是要选择一个正确的授权对象。在授权之前，管理者要对自己的下属进行细致考察和分析，包括每个人的特点、优点以及弱点等，应该将权力授予那些品德好、能力强的人。

3. 明确目标

亚里士多德说过："要想成功，先要有一个明确、现实的目标，一个奋斗的目标。"授权行为也是如此。在授权的过程中，必须要让下属明确了解自己期望达到的目标，并告诉下属，怎样做或用什么方法执行才能达到这个目标。授权后不需要时时监督，更不需要用自己的方式影响被授权的下属，除非下属主动向你求助，作为管理者，你只需在必要时给予下属一些相应的指导就可以了。

4. 授权不授责

授权并不意味着将责任完全推给下属之后就可以撒手不管了。作为管理者，要保留对这项工作的知情权和控制权，同时还要为下属承担一部分责任。要知道，即使你把这项工作和权力完全交予了下属，也并不意味着结果的好坏与你无关，领导永远都是最终的责任者。

一视同仁，做到一碗水端平

当今社会，人们对于公平公正的要求有着更高的呼声，享受公正的待遇已经成为员工尽力追求并愿意花费心血维护的权利。这就要求领导们要怀有一颗平等的心，做到"一碗水端平"。如此一来，员工才会尊重与信赖你，才会更积极地投入工作，为团队持续发展竭尽全力。

曾经看到过这样一幅漫画：一位领袖模样的人站到一个并不平稳的木板上，手中端着一碗水，碗的前面书写着"管理"二字。

漫画虽然简单，但却向我们展示了一种管理的智慧，即要"一碗水端平"。如果管理者做不到这一点，将重心倒向某一端，那么碗中的水就会不断流失，最后空空如也。这碗中的水就好比团队中的成员，如果管理者不能一视同仁，不公正、不平等，就不能服众，下属的工作积极性和主动性也会逐渐减弱，导致整个团队人心涣散，工作进展不力。

在现实生活中，做不到"一碗水端平"的管理者并不鲜见。在他们心里，下属是有高低优劣之分的，于是他们把下属划分为"上下级"：对那些他们心中所谓的"上级"员工，他们非常信任，视其为心腹，而对"下级"员工则冷眼相待，处处防范；经常给"上级"员工特殊照顾，有求必应，而对"下级"员工则不冷不热、不闻不问，甚至故意找茬。

另外，还有一种一碗水端不平的领导者，他们管理不公平的表现就是男女有别，即对男女下属的管理不一致。他们觉得女性的事业心小，只希望工作舒适稳定。于是，他们很少关心女员工的职业发展需求，也极少给她们锻炼机会，升职加薪更是无从谈起。而对男员工则截然不同，他们会将有挑战性、锻炼性的机会留给男员工，以便其快速成长，成为公司的中流砥柱。

作为领袖，如果不能做到一碗水端平，就会打击下属的工作积极性，继而产生内耗，造成员工之间的不团结，最终影响公司的发展。

虽然看上去将"一碗水端平"很容易，但实际做起来，却并非那么简单。因此，我们建议培养领袖的公平之道，可以从下面两点着手，尽量让自己做到一视同仁。

1. 不要心存偏见，也不要对人另眼相待

从本质上说，这两个问题是相互依存的，凡是对一些下属有偏见的领导者，对另一些下属必然会另眼相待。而这两点，都是有弊无利的。

如果领导者对出色的下属另眼相待，对平庸的下属心存偏见，就会造成不良结果：被另眼相待的下属和被偏见的下属之间有了差距和隔阂，后者非但不会向前者学习，反而会因为嫉妒、憎恨、不满而消极颓废。后者会产生这样的想法："既然领导这么偏向他，觉得他了不起，那就让他去做所有的工作，我们才不白费工夫呢！"

对于表现出色的下属，领导理应表扬。但是，该表扬的时候表扬，该奖励的时候奖励，平时还是应该与其他员工一视同仁。也就是说，他因为工作出色而得到了他应该得到的东西，其他方面还是要同别人一样。别人如果像他一样优秀，也应当得到同样的表扬和奖励。这样的管理方式强调的是工作能力，凸显的是平等。

2. 摒弃私心，不偏袒亲朋

有的领导者虽已登上了管理者之位，但其心胸却还没有达到相应的高度，有着较重的私心。有时候会为了维护、巩固自身地位，或为了帮助自己的亲朋，他们便费尽心机地将他们弄到自己手下来，甚至让其在自己的部门担任

重要职务。这种自私的做法在短期内或许有点效力，但从长远的角度看，是一种极其愚蠢的做法。真正智慧的领袖并不是任人唯亲，而是唯才是用，他们从不借助自己的权力为亲人朋友谋取好位置，而是让他们接受锻炼，凭借自己的能力，去争取自己想要的职位。

交接权杖，培养更多的领导者

企业领袖为自己、为企业培养得力的接班人，是一个长期性的任务，要从长计议，要用制度进行规范，千万不能临时抱佛脚，等到自己体力、精力都不行了，才匆匆忙忙地考虑接班的事情。因为你不但要找到合适的人做接班人，还要顺利地让他接替你的位子，让他安安稳稳地按照你的设想把企业经营下去。

1. 权力交接很难一蹴而就

接班人不是一个螺丝钉，你没办法保证把他安在那里就良性运转。否则，此螺丝钉与彼螺丝钉又有什么区别呢？既然在众多候选人中选中了他，就要让他顺利接班，作为前任，你有义务帮助他做好交接工作。

当年朱元璋在位的时候，早早就寄希望于孙子朱允炆，于是他杀死了几乎全部的开国功臣，以及在他看来能够威胁朱允炆统治的人。用他的话说就是，要把权杖上面的刺都剔除干净，再交给接班人。

且不说朱元璋的理论是否科学，他这种考虑事情的角度是对的。这个时候，领导人一定要端正自己的心态。有些领导者虽然把位子传给自己儿子，还是觉得大权旁落，有很重的失落感，这样自然无法成功交班。杨坚就是这样一位"老总"，他既选定杨勇为太子，却又担心太子抢了他的位置；赶走杨勇换上杨广当太子，听说太子有小动作，他还想"废太子"，这种矛盾的心理是权力交接的大忌。

"如何把权力慢慢地转交出去，让接班人自己做主，对企业老板来说是个考验。"中山大学岭南学院教授储小平先生说。

从大的方向看，要确保权力交接后企业不发生"地震"，先要处理好股权和管理权的关系。很多知名的家族企业都会选择将股权与管治权分开，即将财产所有权留给家族成员，而将管理公司的责任交给专业的管理人士。沃尔玛的创办人山姆·沃尔顿在1992年离世前，已锁定让非家族成员格拉斯来接管公司，并于1988年开始为其过渡做各项准备。格拉斯没有辜负老山姆·沃尔顿的期望，在他12年的任期里，沃尔玛的销售额从1987年的160亿美元猛增到1999年的1650亿美元，成绩骄人。

处理好股权和管理权的关系之后，领导人就要耐心地对未来接班人做好"传帮带"。英特尔公司的CEO葛鲁夫说过，任何管理者的一项关键工作就是为继任者铺路，而为继任者铺路的最好方式就是搞好"传帮带"，这样能够确保平稳过渡。"传帮带"是一项艰苦的工作，需要下真功夫、慢功夫、细功夫，花大力气。企业家要舍得花时间、花精力，经常与下属面对面地沟通，手把手地带，一点一滴地教，这样才能培养出优秀的人才。

2. 如何对继任者进行"传帮带"

第一，要让他夯基务实，你必须让接班人有扎实的管理基本功，绝对不能犯"地基尚未打好就直接盖楼"的错误。领导者的"地基"，是指一个人的资历、经验、学识、能力与威信等。不管是子女、内部提拔的骨干还是外来的聘用人员，都应该帮助其从根基上巩固提高。

第二，前任领导必须对接班人进行系统培养和帮扶。培养的主要目的是针对接班人的不足之处，完善其知识结构，充实其工作经验，丰富其人际关系，树立其威信。

当一位新的高层领导走马上任时，企业的利益相关者通常会对他进行细致的剖析，看他能否帮助他们实现自己的愿望，并保护他们的权益。不管这位接班人是家族继承者，还是内部提拔者，或者是外聘人员。接班人面临的最大挑战，就是如何让利益相关者成为自己的追随者。面对这种情况，老一代的管理者就应该帮助新人树立威信，最现实的办法之一就是"老臣"辅佐。在那些"原班人马"中找几位经验丰富的人充当他的军师和参谋，提醒他少犯错误，不要冒进。古代帝王去世的时候，倘若继位者年纪还小，一般都会找几个可靠的"顾命大臣"做一番临终托付，让他们辅佐"幼主"，刘备白帝城托孤就是这个意思。

在专业方面，最好的培训方法莫过于系统的岗位培训。接班人必须接受严格的岗位培训。应该有意识地安排工作轮换，以使接班人真正把握企业的整体运营。如果接班人不熟悉营销，那么可以在其接受营销知识培训后将其安排到营销部门工作，如做营销副总的助手。这样，不但可以通过实际工作使其得到锻炼，还可以通过与更多员工交流与合作使其人际关系基础更为牢固。当接班人的知识和经验都足够丰富，能力有了显著提升后，可将其安排到更重要的位置，并适当地安排优秀的人员予以协助。而接班人在核心岗位上做出显著业绩后，领导班子交接也就水到渠成了。

第三，前任彻底撒手不管之前，必须让接班人有显著的业绩。不管是子女继承、内部提拔还是外部聘请，新的接班人最具有说服力的就是业绩。他们想站稳脚跟，就要成为能臣、功臣。

通常，人们喜欢讲"不以成败论英雄"，但是企业领导选拔干部，必须以成败论英雄，在英雄当中选人才。《孙子兵法》里说："将听吾计，用之必胜，留之；将不听吾计，用之必败，去之。"将军是否留用，关键看他是否有能力打胜仗。将领带兵就是为了打胜仗，同样地，选择人才、提拔干部就是为了让企业盈利。打胜仗和盈利都是目的。手段是为目的服务的，手段离开目的就失去方向。所以手段必须与目的保持一致。"用之必胜"与"用之必败"决定干部去留，正是这一思想的具体体现。日本当代著名的企业家土光敏夫有句名言："撑竿跳的横竿总是要不断往上升的，不能跳越它的人，就应尽快离开竞技场。"

每个管理者都是裁判，都是教练，让不能跳越横竿的人离开竞技场，这就是以成败论英雄、以能力选人才。在日本的日立公司，这种以成败论英雄、选人才的思想表现得更加突出。即使一个厂长各方面都很优秀，只要他没有把生产搞上去，他的晋升也会比其他人慢。日立公司的领导人说："并不是说把一个人派到一个条件不好的厂里去，他没有马上赚到钱就撤他的职，我们是要认真地进行观察。""但是，如果其他公司在发展，而日立公司相应的部门没有发展，那么这个单位的领导肯定会被撤职。"

以成败论英雄，不是看他出了多少力、干过多少事、经历了多少曲折坎坷，要看他干成了多少事、干成多少别人难以干成的事，看有多少事是他带领别人干成的。简而言之，新领导的功绩在于成事而不在于做事，在于做成了什么，而不在于做了什么。"不求有功，但求无过"的人不应该得到提拔。包括荣事达总裁陈荣珍在内的一些企业家甚至有个更为极端的看法："接班人只能靠市场产生，不能培养。企业的接班人要靠自己的业绩和实践说话。"

所以，帮助接班人取得辉煌的业绩，让他在诸位元老、前辈、竞争者面前能够有拿得出手的成绩，是前任领导顺利交接权杖的必要条件。

参考文献

［1］杨思卓. 新领导力［M］. 北京：北京大学出版社，2015.

［2］沛霖，泓露. 领导气质，是你超越的自我完善［M］. 北京：中国商业出版社，2015.

［3］赵建华，刘建平. 领导艺术的修炼：培养真正伟大的企业领袖［M］. 北京：人民邮电出版社，2015.

［4］曾仕强. 不管人只带心的领导［M］. 北京：北京联合出版公司，2014.

［5］崔智东，郭志亮. 耶鲁大学最受推崇的领袖能力课［M］. 中国台湾：台海出版社，2013.

［6］兰涛. 哈佛领袖气质课［M］. 北京：中国华侨出版社，2013.

［7］陈竹友. 领袖心经［M］. 广州：广东经济出版社有限公司，2012.

［8］胡珂. 当领袖不当领导［M］. 北京：中国财富出版社，2012.

［9］徐宪江. 领导的领导［M］. 北京：中国法制出版社，2010.

［10］周永亮，陈正侠. 领袖兵法［M］. 北京：机械工业出版社，2009.

［11］余世维. 领袖性格［M］. 北京：北京大学出版社，2008.

［12］周永亮. 变革领导［M］. 北京：经济管理出版社，2007.

［13］李伟权. 领袖思维：政治领导艺术［M］. 北京：中国社会科学出

版社，2007.

［14］李雪峰. 中国管理学［M］. 北京：中国人民大学出版社，2005.

［15］杨东雄. 跟帝王学管人［M］. 北京：西苑出版社，2004.

［16］许倬云. 从历史看领导［M］. 北京：生活·读书·新知三联书店，1994.

后　记

　　人生百年，在人类历史长河中只不过是惊鸿一瞥，很多人在追求：雁过留声，人过留名！但是，绝大多数人无法做到！

　　我曾经做了一段时间的测试，在授课的过程中问学员一个问题：你的爷爷叫什么名字？很多人回答不出来，当然会有少部分人知道，然后再问：你太爷叫什么名字？几乎没人能回答得出来！

　　中国人注重传宗接代，如果连你的孙子都不知道你叫什么名字，那还传什么宗呢？

　　如果你是一个想建功立业的人，那么这个问题太重要了！

　　孙子不知道爷爷的名字，其实并不是孙子的错！而是爷爷的影响力太小，连孙子都记不住你，更何况别人？仅过了两三代后人就不记得你了，那一世岂不白活？

　　我们再看：孔子，2000 多年过去了，他的后代忘记他了吗？说近点，李嘉诚，你认为 1000 年后他的后代会不知道他吗？这是什么原因呢？

　　影响力！对，这就是领袖特质之一！

　　让更多人成为领袖，或更好地做领袖，就是我写本书的目的！希望有心之人，能够找到更系统的途径，更快地成为卓越的领袖！

　　传播智慧和方法，是一件无上荣光的事情，如果本书能够在你成为领袖的路上提供些许帮助，这就是我最大的欣慰！我希望更多的人发现和发掘自已的潜能，为人类的发展和进步发光发热，并顺便实现自己功成名就的理想！

　　本书的出版需要感谢的人很多，在这里要特别感谢张杰先生为本书提出了许多参考意见并给予了诸多帮助，感谢王欣小姐在出版过程中给予的大力帮助！

　　感谢经济管理出版社所有同仁！感谢你们对本书的辛苦付出！

　　感谢卡圣系统优秀的合作伙伴：王秋艮、范美君、欧阳江南、高巧玲、熊昭岚等，也要感谢许多其他优秀代理商和合作伙伴！有你们的一路前行，我们一定会实现卡圣系统的伟大使命！也会实现你们财务自由的理想！

　　还要感谢我的家人对我的理解和支持！感谢我生命中的伙伴、朋友一直以来给我的支持和帮助！感谢所有爱我、关心我的人！感谢所有我爱的人！

　　当然，我还要感谢本书的读者们，您的阅读就是对我最大的支持。书中若有错误、疏漏或不当之处，敬请各位读者批评指正。我期待着您的反馈意见（E - mail：dyzls888@163.com）。

　　欢迎各位关注微信号：卡圣系统，吸收金融、财富和其他正能量的知识！

邓焱中
2016 年 8 月于广州